JN439402

내 가슴속의 수채화

현대수필가100인선 · 26

내 가슴속의 수채화

라대곤 수필선

좋은수필사

■ 책머리에

수필은 누구나 부담 없이 읽고, 마음만 먹으면 직접 쓸 수도 있는 가장 친근한 문학이다. 다른 영역의 문학이 영상매체에 밀려 신음하고 있는 중에도 수필 인구만은 날로 증가하여 바야흐로 수필 전성시대를 구가하고 있는 이유도 거기에 있을 것이다.

시대적 추세에 힘입어 수많은 수필전문지, 수필동인지가 창간되고, 이에 비례하여 신진 수필가도 날로 늘어나다 보니 이제는 그 많은 작가, 그 많은 작품 중에서 문학성 높은 작품을 가려 읽는 일이 쉽지 않게 되었다. 이런 현상은 작가에게나 독자에게나 결코 바람직한 일이 아니다. 더 나아가서는 수필을 연구하는 후세들에게도 큰 부담이 될 것이다.

이런 문제를 해결하는 데는 출판인도 마땅히 한몫을 감당해야 한다는 평소의 소신에 따라, 본사가 기꺼이 그 역할을 맡기로 했다. 그 첫 번째 사업으로 시대를 대표할 만한 수필가 100인을 선정하고, 작가가 자선한 40편 내외의 작품을 수록한 문고본을 발간하여 이를 널리 보급함으로써 그 소임을 다하고자 한다.

본사는 사명감을 가지고 이 사업을 추진해 나가기로 했다. 작가 선정을 전담할 편집위원회를 구성하고 전권을 위임하여 일체의 사적인 정실이나 청탁을 배제함으로써 전문성과 공정성을 확보해 나갈 것이다.

따라서 이 기획물 속에는 작가의 문학정신뿐만 아니라, 본사의 문학사적 기여 의지와 편집위원 제위의 수필문학에 대한 애정과 문인으로서의 양심이 함께 담겨 있음을 자부한다. 다만, 작가를 선정하는 기준에는 많은 견해의 차이가 있을 수 있고, 선정 과정에서도 미처 챙기지 못한 부분이 있을 것이라는 사실만은 인정하지 않을 수 없다. 이 점에 대해서는 관계자 여러분의 양해 있으시기 바란다.

이 시리즈의 발간 순서는 작가, 또는 본사의 사정에 의한 것일 뿐 그밖의 어떤 기준도 적용하지 않았음을 밝힌다.

본 기획물이 시대를 초월한 많은 수필 애호가들의 관심과 애정 속에 우리나라 수필문학 발전에 한 이정표가 되기를 바랄 뿐이다.

2008년 9월

좋은수필 발행인 서 정 환
현대수필가 100인선 간행 편집위원 박 재 식 최 병 호
정 진 권 강 호 형
변 해 명

| 차례 |

1_부

2_부

3_부

4_부

1부

이 사

며칠 바쁘게 돌아다니다 보면 낯선 아파트가 불쑥불쑥 들어서서 하늘을 막아 버린다. 숨까지 턱턱 막히게 하는 것이 마치 유령의 집 같다. 정치를 잘(?)하는 사람들이 앞으로는 단독 주택에서 살아서는 안 된다는 법을 만들지도 모른다는 기우까지 생긴다. 집사람과 아이들까지도 편리하다는 이유만으로 아파트로 이사를 가자고 성화를 부린다. 나는 아파트가 낯설기도 하지만 이사 자체가 싫다.

지금 내가 살고 있는 집은 단독 주택이다. 호화주택은 아니지만 정원이 있는 아담한 이층집으로 이곳에서 이십 년을 살아왔다. 처음 이 집을 샀을 때 나는 잠을 잘 수가 없을 정도로 벅찬 기쁨과 환희를 느꼈다.

생각해 보면 내 어린 시절은 너무도 가난했다. 농사꾼도 아닌 아버지가 무슨 생각에선지 내 출생지인 C시에서 가산을 정리한 돈으로 논 몇 마지기를 사서 시골인 K군으로 이사를 하셨다.

시골집은 초가집으로 방이 두 개 있었다. 안방은 아버지 차지였고 나머지 하나가 우리들 방이었다. 작은 방에서 팔 남매가 모두 함께 잠을 잘 수밖에 없었다. 방 가운데에 검정 이불을 깔아놓고 사방으로 누워 다리를 뻗다보면 형제들의 발이 엉키어서, 가려워서 긁다보면 남의 다리를 긁는 경우도 있었다. 장마철에 썩은 서까래 물이 흙벽을 타고 내려와서 방바닥은 곰팡이로 얼룩지고 퀴퀴한 냄새가 몸에까지 스며들어 비위가 상할 때는 집이 아니라 원수였다.

아버지는 또 이사를 했다. 이제 조금 나은 집으로 가는가 했는데 마찬가지였다. 학교가 전학할 거리에 있는 것도 아니고, 그렇다고 더 좋은 집으로 가는 것도 아니면서 아버지는 왜 자주 이사를 했을까?

처음 한두 번은 나도 이사가 싫지 않았다. 친구를 사귀는 재미도 있었고 더 좋은 집일지도 모른다는 기대감으로 부지런히 이삿짐을 날랐다. 철이 들면서는 아버지의 그러한 이사병을 이해할 수가 없어져 볼멘소리로 항의를 하다가 야단을 맞은 적도 있었다. 지금 생각해 보면 아버지의 이사병은 권태롭기만 시골 생활에서 변화를 찾아보려는 몸부림이지 않았나 싶다.

우리 집 장독대 위에는 성한 단지가 없었다. 비포장 도로 위로 소달구지에 살림을 싣고 가다 바퀴가 돌에라도 걸리게 되면 항아리들끼리 서로 부딪혀 깨지는 일이 허다했다. 살림도구를 애지중지 여기는 어머니는 그때마다 아버지를 원망하셨지만 아버지는 그깟 항아리 몇 개가 무슨 대수냐고 쓸쓸함이 배어 있는 공허한 목소리로 호통을 쳤다.

겨우 새 집이랍시고 찾아가면 채송화 몇 포기 심을 뜨락도 없는 작은 집이었을 뿐이다. 덕분에 내 어린 날은 동심이 메마른 삭막한 날들이었다.

아버지의 이사병이 끝난 것은 내가 군대에 간 뒤였다. 마지막 이사였던 셈인데 처음 시작했던 C시로 되돌아오셨다. 자동차도 없이 소달구지에 세간을 싣고 칠십 리 길을 걸어서 왔다.

내가 제대를 하고 직장을 가졌을 때 제일 큰 소망은 빗물이 흘러들지 않고 노래기가 기어 나오지 않는 양옥집을 한 채 갖는 것이었다.

지금 내가 살고 있는 이층 양옥이 내게 그 꿈을 이루어준 것이다. 이 집이야말로 내 자랑이요, 삶의 꽃이라고 해도 과언이 아니다. 내 지나온 세월을 알 리 없는 자식들이 살기가 편하다는 이유 하나만으로 아파트로 이사를 하자고 할 때마다 마음이 허전한 것은 어쩔 수가 없다.

아무래도 나는, 내가 그런 아버지를 결국 이해했듯이 자식들 스스로 나를 이해해 주기를 막연히 기다릴 게 아니라 머지않아 지금 이 양옥집을 떠날 수 없는 내 사정을 말하고 양해를 구해야 하지 싶다.

시 파

이층을 세놓자고 했을 때 나와 집사람은 서로 의견이 엇갈렸다. 내 주장은 아이들 교육 문제가 있으니 돈을 생각하지 말자는 것이고, 집사람은 기왕 세를 놓는 처지에 돈을 많이 받을 수 있는 쪽을 택하자는 것이었다. 한데 복덕방에서 엉뚱한 제안이 들어왔다. 외국인이 들어오면 어떻겠냐는 것이었다. 반대를 했지만 집사람이 선뜻 허락을 하고 말았다. 나는 돈을 많이 받겠다는 집사람의 주장을 꺾을 수가 없었다.

내가 살고 있는 군산은 항구이고 또 미 공군 기지가 있어서 외국인이 낯설지 않다. 한데도 내가 반대를 했던 것은 편협적이고 보수적인 내 성격 탓도 있지만 사실은 내 영어에 대한 콤플렉스 때문이었다. 학교도 다닐 만큼 다녔고 영어 공부랍시고 수년을 했는데도 어떻게 된 것이 외국인만 보면 혀가 굳어져 버렸다. 다행히 입주하는 사람들이 국제 결혼한 커플인데 어느 한쪽도 한국인이 아니어서 내 영어 실력이 들통나지는 않을 것 같아 다소 안심을 했다.

그들이 입주하는 날이었다. 내 기분을 알 리 없는 집사람이 맥주 두 병을 들려 주면서 집주인이 인사를 해야 한다고 이층으로 올라가라고 등을 떠밀었다. 큰일났다. 단어 읽기라면 몰라도 말 한마디 건넬 수 없는 내 처지는 만약에 미군이 때려죽인다 해도 OK라고 대답을 해야 할 상황이어서, 몸보신하겠다고 때려죽이는 인간에게 대꾸 한마디 하지 못하는 개새끼와 다를 것 없이 비참했다.

그런데 기우였다. 걱정과는 무관하게 그날 밤 국제적인(?) 상견례가 무사히 끝난 것이다. 맥주를 마시는 것도, 낄낄거리는 것도 나와 다를 것이 없었다. 다만 다른 것이 있다면 몸이 크다는 것과 노랑머리, 팔에까지 무성하게 난 털 정도였다. 이름이 존이라는 것도 알았다. 영어도 별것이 아니었다. 그 날 밤 이후 마음이 편해지고 넉살까지 늘었다.

헤이 존, 하고 부르면 그도 알아듣고 웃었다. 문제는 언어가 아니라 풍습의 차이였다. 마을 사람들조차 그들의 엉뚱한 생활 습관을 이해하지 못했다. 윗옷을 홀딱 벗어버린 채 이층 난간에서 일광욕을 하면, 마을 사람들은 눈을 가리면서 보기에도 민망하다며 외국인에게 방을 빌려준 것을 노골적으로 비난하고 나섰다. 미군 부부에게 동방예의지국의 법도를 설명할 수도 없는 일이어서 난감하고 답답하기만 했다. 덕분에 우리 부부까지 다툼질이 많아지면서 존이라는 미국인이 미워지기 시작했다.

일요일 오후였다. 딱히 갈 곳도 없어 선풍기 앞에서 뭉그적거리는데 존이 반바지 차림으로 내려왔다. 가뭄으로 수돗물이 나오지 않자 호스로 지하수를 이층으로 끌어올리다가 갑자기 존이 쥐고 있던 고무호스가 밀리면서 거실로 물이 쏟아져 들어왔다. 별것도 아닌 일에 알 수 없는 열이 확 받쳐 올라왔다.

"야, 존! 좀 조심해라." 끓어오른 감정을 애써 감추면서 점잖게 나무람을 했다. 하지만 존은 들은 체도 하지 않았다. 그럴 수밖에 없다고 이해를 할 수도 있었다. 존도 한국말을 정확하게 알아들 수가 없기 때문이다. 그래서 경고라도 해주려고 조금 더 큰소리로 주의를 주었다. 그런데도 녀석이 쳐다보기는커녕 코방귀도 뀌지 않았다. 순간 나는 말할 수 없는 분노가 폭발하고 말았다. 어른이 말을 하면 순응을 하는 것이 동방예의지덕이 아닌가. 나는 더는 참지를 못하고 한달음에 쫓아가면서 삿대질과 함께 큰소리로 고함을 질러댔다. "야, 임마! 물 좀 조심하란 말이야!" 내 소리가 끝나기도 전에 존이 나를 향해 고개를 홱 돌렸다. 그리고 험악한 눈초리로 나를 노려보더니 빠른 소리로 꽥하고 고함을 질렀다.

"아자씨, 임마 하지 마요. 시파!"

순간 나는 아찔한 현기증과 함께 기가 탁 막히고 말았다. 지금까지 녀석은 우리말을 다 알아듣고 있었다는 뜻이 된다. 능청스러운 놈. 온몸에 힘이 빠지면서 방바닥에 털썩 주저앉고 말았다. 허탈감이 몰려왔다. 놈에게 농락 당하고 있었던 걸 생각하면 치가 떨린다. 이제 체면이고 창피하고를 떠나서 놈과 한 지붕 아래서 살 수가 없다는 오기가 일어나고 있었지만 내 마음을 누가 알아줄까. 마음만 더 무거워졌다.

내 가슴속의 수채화

벽에 흰 종이로 덮어놓은 액자 하나가 걸려 있었다. 집사람이 무슨 그림을 감춘 거냐고 고개를 갸웃거리기에 투명 안경을 쓰고 보는 그림이라고 했더니 코웃음을 치면서 보기 싫다고 뜯어내 버리고 말았다. 사정을 모르는 집사람이야 당연한 처사지만 내게는 분명한 이유가 있었다.

사실 나는 오래 전부터 근사한 수채화를 한 폭 꼭 갖고 싶었다. 그렇다고 값이나 예술성을 따진 그림이 아니다. 굳이 알은체를 하자면 유화의 현란함이나 동양화의 철학적인 단순함보다는 담백한 색상에 은은하면서도 조금은 질박감이 흐르는 수채화 정도였다.

내가 수채화를 처음 본 것은 초등학교 때다. 교실 뒤편에 작은 액자 속에 걸려 있었는데 진한 물감으로 그려진 숲이었다.

나도 따라 그려보고 싶었지만 따로 미술 선생님이 없었기 때문에 그림을 배울 기회가 없었다. 장난삼아 도화지에 물감을 칠해 보아도 벽에 걸려 있는 그림과 같은 색상이 나오지 않았다.

파란 물감을 붓에 묻혀 뭉개듯 칠하면 가을하늘처럼 진한 코발트가 되었다. 그 위에 맹물을 떨어뜨리면 하늘은 어느새 또 엷은 바닷물로 변해 버렸다. 신기해서 칠하고 문지르기를 여러 번 반복했다. 그렇다고 그림이 될 리가 없었다. 하지만 언젠가는 좋은 그림을 그릴 수 있을 것이라고 믿었다. 그로 인해 그리고 싶었던 그림은 항상 내 마음이었을 뿐, 그림과는 거리가 먼 문외한이 되고 말았는지도 모른다.

그 기억 때문에 더 마음에 드는 수채화를 갖고 싶었는지도 모른다. 머리맡에 종이로 가려놓은 액자는 얼마 전에 지인 화가가 그려준 그림이다. 멀리 앞산이 희미하게 겹으로 보이고 잿빛 하늘 밑으로 잔잔한 바닷물이 작은 파도를 일으키고 있는 그림이다. 스산하고 황량해 보인다. 폭풍이 일어나는 큰 바다도 아니요, 그렇다고 바람을 가려주는 아늑한 포구도 아니다. 영락없이 사람이 살 것 같지 않은 무인도다. 아무리 화가가 그렸다고 해도 내가 갖고 싶었던 그림은 아니다.

가끔씩 나는 미술 전람회 같은 곳을 가본다. 그 곳에서도 마음에 쏙 드는 그림을 만나지 못했다. 그러면 내가 갖고 싶은 그림은 어떤 것일까? 뚜렷하게 정해져 있는 것은 아닌데 마음속에는 안개처럼 보일 듯 말 듯 막연하게 느껴지는 것이 있다. 집

착 때문이었을까? 어느 날 밤 꿈을 꾸었다. 벽에 걸린 액자 위로 그림이 떠오르는 것이다. 그림 위에 떠 있던 잿빛 구름이 조금씩 밝아지더니 검은 바위산이 초가집 모퉁이에 쌓여 있는 짚볏단으로 변해 버렸다. 삭막했던 잿빛 하늘 위로 달이 떠오르는가 하면 밝아지면서 달은 간 곳이 없고 이번에는 함박눈이 내린다. 잘 자란 황소나무 가지가 찢어질 듯 휘청거린다. 진한 향기 같은 맑은 공기가 콧속으로 파고들듯 상쾌해지는 것이 정녕 꿈이 아니다. 눈 속으로 달려나갔다. 정식이도 있고 돌이라고 불렀던 고향집 강아지도 거기 있었다. 달려가는 내 앞으로 잿빛 하늘이 조금씩 밝아 오고 있었다. 누군가 물방울로 진한 잿빛 색깔을 뭉개고 있다는 생각을 하고 있는 순간 갑자기 눈밭에 넘어지면서 잠이 깨고 말았다.

다시 잠을 청해 보지만 잠은 오지 않는다. 아쉬운 마음에 눈을 감아보지만 그림 속은 어제처럼 어두운 잿빛하늘 그대로 아무것도 변한 게 없었다.

다시 꿈을 꾸고 싶어서 액자 위에 흰 종이를 덮고 눈을 감는다. 달이 뜬다. 초가 지붕에 눈이 내린다. 황소나무 가지 위에 까치가 조는 듯 앉아 있다. 그림이 그려진다. 마음속으로 그리는 수채화가 가슴을 떨리게 해 준다.

그날 밤 이후로 나는 빈 액자 앞에 마주 앉는 시간이 많아졌다. 빈 액자 속에는 참으로 많은 수채화가 들어 있었다. 폭풍이 일어나는 험한 바다가 보이는가 하면 갑자기 바뀌어 고향 들녘에 떼지어 나는 고추잠자리도 보였다. 뿐만 아니었다. 술이라도 한잔하는 날은 어김없이 잘 채색된 수란이 얼굴까지 보였다. 내 기분에 따라 수채화가 변하는 것이다. 마음속으로 그림을 그릴 수 있는 나는 행복해질 수밖에 없었다.

내가 오래 전부터 갖고 싶었던 수채화는 아직 그려지지 않은 그림이었던 모양이다. 오직 내 마음속에 있는 그림이었을까? 비록 남에게 보일 수 없는 그림이라서 아쉽더라도 나는 내 마음속의 수채화를 완성하기 위해서 더 많은 시간을 빈 액자 앞에서 보내야 한다고 생각하는 요즈음이다.

이웃

눈을 뜨면서 오늘은 어떤 일이 있어도 장미 넝쿨을 잘라버려야겠다는 결심을 하고 가위를 들고 뜰로 내려섰다. 가뜩이나 작은 뜰인데 옆집의 덩굴장미가 넘어와서 내 영산홍을 점령이라도 하듯 무법자처럼 휘감고 있는 것이 몹시 속상했다. 결심을 하고 막상 가위를 들고 덤비려니 문득 작년여름에 있었던 감나무 사건의 옹졸한 복수 같아 망설여진다.

작년의 감나무 사건의 사단은 우리 집에서 먼저 비롯되었다. 가지가 무성하다 보니 겁도 없이 담을 넘어가 이웃집 박 영감의 뜰까지 점령한 것이다. 더욱이 그쪽이 남향이어서 감까지 주렁주렁 매달리게 되었다. 마침 보기 좋다고 생각하고 있던 어느 날, 아침에 일어나 보니 무성했던 가지가 싹둑 잘린 채 뜰에 무참히 버려져 있었다. 순간적으로 부아가 끓어올랐다. 감나무 가지가 조금 넘어갔기로서니 그리 나쁠 게 없지 않은가? 감이 익으면 몇 개 나누어주려고도 했는데 그걸 못 참고 사단을 낸 것이다. 천지 분별을 모르는 박 영감 말고는 이딴 짓을 할 사람이 없으리라 생각하고 박 영감을 찾아가 따졌다. 한데 "당신네 감나무가 넘어와 그늘을 만들어도 괜찮은 거냐?"며 안면을 싹 바꿨다. 악을 쓰는 그런 박 영감이 몹시도 야박스러웠지만 딴에는 할말이 없어서 애써 분을 삭이고 말았다.

좋다. 영감이 그렇게 나왔으니 나도 할말이 있는 것이다. 영감의 장미 넝쿨이 우리 집 담장을 타고 넘어와 있지 않은가? 이웃이라고 그냥 보고만 있었는데 이제는 나도 굳이 참을 필요가 없는 이유가 생겨났던 것이다.

이런 저런 생각을 하면서 장미 넝쿨을 사정없이 잘라버렸다. 꽃송이가 아깝다는 생각도 했지만 영감의 괴팍한 얼굴이 떠올라 휙 던져 버렸다. 아는지 모르는지 영감 집 담장 안이 궁금했지만 별일 없이 작업을 끝냈다.

그날 밤 초인종 소리에 나는 두근거리는 가슴으로 대문을 열어주었다. 어김없이 괴팍한 영감이 거만하게 서 있었다. 맥주 몇 병에 북어 대가리도 들고 있었다. 얼떨결에 그가 건네주는 잔을 받았지만 무슨 소리가 나올지 몰라 마음이 켕겼다. "나 오늘 술 한잔했소. 그냥 집에 들어가려다 보니 이웃인 선생 생각이 나서요. 밤늦게 실례한 것을 용서하시오. 장미 넝쿨은 잘 잘랐소." 그럼 그렇지, 이제 시작이구나, 나는 한껏 긴장을 했다.

"내가 진작에 잘라 주었어야 하는 거였소. 뿌리만 우리 집에 있었지 넝쿨은 댁으로 넘어와 있어서 따라 들어와 잘라 버릴 수가 없었던 거요. 그냥 두면 담장은 고사하고 지붕까지 타고 올라올 놈이었소. 어떻든 가지가 넘어온 것은 잘못된 일이었소."
영감이 갑자기 껄껄거리면서 웃기 시작했다. 나는 도시 종을 잡을 수가 없었다. 목소리까지 깔고 나오는 것이 오히려 더 불안감을 주었다.

"이제 와서 말이지만 작년 여름 감나무 사단은 대단히 미안하게 되었소. 감나무가 싫어서 잘랐던 것은 아니오. 가지에 햇볕이 가려져 채송화꽃이 피지 않아서 궁여지책이었을 뿐이오."
영감의 목소리나 표정이 너무 진지했다. 오히려 사과를 듣고 보니 분별력 없었던 아침 일이 새삼스럽게 부끄러워졌다.

나도 영산홍 때문이었다고 궁색하게 변명을 한다 해도 꽃이 시들기도 전에 몰지각하게 잘라버린 행위는 비난받아 마땅한 일이었다는 자책이 일었다. 새삼스럽게 쳐다보는 영감의 얼굴에선 선한 미소가 흐르고 있었다. 나 혼자 미워하고 욕을 했던 마음의 갈등이 얼마나 부끄러운 일이었는가. 감나무 가지나 장미 넝쿨이 생각할 수 있는 감정이 있다면 옹졸한 내 심보를 얼마나 비웃었을까? 내 자신이 너무나 시시하고 초라하게 느껴진 날이었다.

알레르기 향수

앞산에 아지랑이 피어오르고 우물가에 개나리의 망울이 피어나기 시작하면 나는 어김없이 또 괴로움에 시달려야 한다. 봄과 함께 찾아오는 불청객 때문이다. 벌써 수십 년 동안 변함이 없다. 사람들은 내게 행복한 투정이라고 한다. 하지만 알레르기를 앓아보지 않은 사람들이 모르고 하는 소리다.

싱그러운 봄바람이 불기 시작하면 내게 제일 먼저 찾아오는 손님은 복숭아 냄새다. 불청객이 무서워 호흡을 멈추어 보지만 아무 소용이 없다. 목부터 서서히 간질이다가 급기야는 가슴까지 벌겋게 부어오르면 입맛까지 싹 가셔버리고 만다. 복숭아가 익으려면 아직도 멀고, 복숭아는커녕 꽃이 겨우 망울지고 있을 뿐인데 어느새 복숭아 냄새가 코로 스며드는 것은 무슨 조화인지 모르겠다. 콧물과 함께 재채기까지 텁텁 숨이 막힌다.

병원도 여러 곳을 다녀봤다. 주사도 맞고 약도 먹어 보았지만 낫기는커녕 점점 더 심해지고 있다. 이번에는 아지랑이가 뜨기도 전부터 숨이 가빠지는 게 아무래도 불청객이 더 일찍 찾아올 모양이다. 의사는 알레르기라는 병은 별것이 아니라고 웃고 만다. 병을 알았으면 치료를 해주어야 할 게 아니냐고 항의를 했더니 복숭아에서 온 알레르기이니 복숭아와 멀어지는 것이 치료 방법이란다. 아예 기억에서 제외시키라는 것이다.

복숭아가 알레르기의 원인이라면 분명 이유가 있긴 하다. 초등학교 5학년 때였다. 그 해에 6 · 25 전쟁이 있었기 때문에 정확히 기억할 수가 있다. 전쟁 덕분에 여름 방학이 길었다. 폭격이 무섭다고 학교 운동장에서 놀지도 못하게 했기 때문에 우리는 몹시 심심했다. 인민군 부상병에게 인민 군가를 배우는 것도 재미가 없고 밭두렁에서 보리 타작을 하는 것도 싫증이 났다. 신나는 일이 없을까, 서로의 눈치를 살피다가 누군가 순례네 과수원으로 복숭아를 훔쳐먹으러 가자고 제안을 했다.

순간 망설였다. 그것은 순전히 순례 때문이었다. 순례는 나와 한 반인 짝이었다. 공부도 잘하고 얼굴도 예뻤다. 다른 아이들에게는 매몰차게 싸늘했지만 유독 내게만은 친절했다. 소풍 때는 삶은 계란을 두 개나 준 적도 있었다. 순례네 복숭아를 훔치러 간다는 것은 아무래도 마음이 내키지 않았다. 하지만 나만 비겁하게 빠질 수도 없는 일이었다. 어스름 달이 뜬

날 밤 비실비실 따라갔다. 한데 적극적으로 앞에 나서지 않고 뒤쪽에서 어정거린 것이 오히려 화근이 되고 말았다. 지키고 있던 순례 아버지에게 멱살을 잡혀버리고 만 것이다. 앞서가던 아이들은 잘도 도망쳤는데 뒤처져 있던 나만 잡혀서 흙창고에 갇혀 버렸다.

지키는 사람이 있는 것도 아니었다. 충분히 뺑소니칠 수도 있었지만 나는 그럴 수가 없었다. 순례에게 비겁함을 보이기 싫어서였다. 창고 속에서 밤을 새웠다. 목 부위가 근질거리기 시작하더니 가슴이며 어깨가 벌겋게 부어 올라왔다. 달도 지고 어둠 속에서 두려움과 추위로 고통을 받다가 다음날 새벽에 겨우 순례 어머니에게 발견되어 풀려 나왔다. 지금 생각해봐도 그냥 한 번 혼내려고 한 것일 뿐, 그 추운 창고 속에 나를 가두어 둘 만큼 순례 아버지가 비정한 사람은 아니었다. 그런 마음을 알고 있었던 내가 오히려 미안하다는 생각을 하면서도 그 후로는 씻고 또 씻어도 복숭아 냄새가 가시지를 않았다.

그 해 가을 나는 아버지를 따라 K시로 이사를 나왔다. 세월이 지나면서 거의 다 잊혀졌다고 생각했는데 언제부턴가 복숭아 냄새가 슬그머니 밀려오더니 아예 자리를 잡고 매년 찾아오는 불청객이 되어 버린 것이다.

올봄에도 복숭아꽃이 흐드러지게 피었다. 순례네 과수원이 생각나면 복숭아 도둑놈인 내 편에 서서 비정한 사람이라고 오히려 순례 아버지를 꾸중하시던 아버지까지 그리워진다. 생각해 보면 그로 인해 고향의 향수와 더불어 살 수 있는 것인지도 모르겠다. 어쩌겠는가? 귀찮고 괴롭더라도 불청객 좇아 한 세월 살 수밖에.

고향집 감나무

꿈을 꾸었다. 초가집 뒤쪽 경사진 언덕에 자리잡고 있던 대나무 숲이 무성해졌다. 마당가에 쌓인 짚 볏단과 함께 뒷동산의 맹감나무며 상수리나무까지도 환하게 어우러져 보였다. 요즈음 들어 거의 매일 꾸는 고향집 꿈이다.

어젯밤에도 우물가에 있는 감나무가 유난히 크게 보였다. 꿈을 꿀 때마다 변함 없이 보이는 것이 감나무다. 한데 이상한 것은 어떤 날은 크고 무성한 이파리에 주먹만큼이나 큰 감이 주렁주렁 매달리는가 하면 또 다른 때는 시든 이파리에 풋감 몇 개만 대롱거리는 아주 왜소한 땡감나무로 변해서 보인다. 매번 보이는 꿈속에서 한번도 감나무가 똑같은 모습으로 보이질 않는 것이다.

왜 같은 꿈을 자주 꾸는 것일까? 꿈속에 보이는 고향집을 떠나온 지가 벌써 삼십 년이 넘었다. 그곳에 부모 형제가 살고 있는 것도 아니고 그렇다고 보고 싶은 옛친구가 남아 있는 것도 아니다. 아무 연고도 남아 있지도 않은데 요즈음 들어 자꾸 꿈에 보이는 것은 나이 탓에 향수가 깊어지기 때문인 모양이다.

한데 이상하게도 꿈을 꾸고 나면 혼란이 온다. 초가집이며 뒷동산의 상수리나무까지는 기억 속에 확실하게 남아 있는 것들인데 감나무는 생각이 나질 않는 것이다. 감나무라면 작은 묘목을 하나 얻어다가 심어 놓은 기억뿐인데 엉뚱하게 장대 같은 감나무가 보이는 것이다. 물론 꿈과 현실이 반드시 일치하는 것은 아니라고 생각하지만, 굳이 일치점을 찾는다면 현실에서는 그 묘목이 키가 자랐을 터이고 꿈에서 보는 감나무는 늘 장대같이 크다는 점이다. 그렇다면 내 마음속에서 향수가 자라는 동안 감나무도 함께 커졌다는 이야기가 되는가?

어쨌든 꿈속에서 감나무에 감이 탐스럽게 매달려 있으면 그 날은 무조건 기분이 좋아진다. 아침부터 휘파람이라도 불면서 복권도 한 장 사고 싶고 여기저기 쏘다녀도 아무 탈이 없을 것처럼 마음이 가볍다. 반대로 왜소한 땡감나무가 보이는 날은 허리도 움츠러들고 귀가길도 서둘러진다.

처음에는 나이 먹으면서 생기는 향수겠거니 하고 대수롭지 않게 생각했다. 한데 날이 갈수록 꿈으로 점을 치게 되는 일종의 내 무속 신앙이 되어버렸다. 꿈을 꾸지 않으려고 일부러 술을 많이 마시고 곤한 잠을 자보기도 했지만 그럴 때면 왠지 또 다른 허전함이 생겼다.

정말 고향집에 감나무가 자라고 있을까? 한번 가 봐야 할 것 같아서 하루는 백사百事를 접어두고 일어섰다. 마침 늦가을 따가운 햇볕이 등을 떠밀기도 했다. 사십 년이나 지난 지금 아직도 날 알아보는 사람이 있을까? 꿈속에서처럼 정말 감나무가 크게 자랐을까? 아무 소식도 없이 불쑥 찾아온 나를 보고 고향 사람들은 무슨 말을 할까? 마을 입구까지 가면서 별의별 생각이 다 들었지만 그딴 것은 내 기우였다. 텅 빈 것 같은 마을 골목에는 개도 짖지 않았고 아무도 내게 관심조차 보이질 않았다.

주춤주춤 옛집 앞으로 다가가다가 나도 모르게 발을 멈추고 말았다. 꿈속에서 보았던 감나무가 보였기 때문이다. 정말 장대 같이 큰 키에 붉게 익어 가는 주먹만 한 감이 주렁주렁 매달려 있었다. 나는 뛰는 가슴을 진정시키느라고 한참을 멍하니 서 있었다. 내가 심었던 작은 묘목이 이렇게 많이 자랐단 말인가? 꿈속에 보인 감나무가 사실이었다. 나는 서둘러 고향마을을 떠나면서 큰 감나무에 잘 익은 감들을 보았기에 안도의 숨을 쉬었다.

그 날 밤 나는 또 꿈을 꾸었다. 한데 이상하게 낮에 본 감나무가 아니고 땡감이었다. 참 어처구니없었다. 내가 심어놓은 작은 묘목이 장대같이 크게 자란 것을 내 눈으로 직접 보고도 현실을 실감하지 못한 것이다. 종국엔 고향을 떠나온 사십 년이라는 세월 속에서 예전의 나를 찾으려면 고향집에 자주 찾아가야겠다고 생각을 했다.

장타령

지곡리에서 부고가 왔다. 친구 정식이의 부음이었다. 서둘러 버스에 오르면서 새삼스럽게 나이를 생각해 보았다. 아무리 생각해 봐도 죽기에는 너무 이른 나이다. 인생 60이면 황혼이라지만 요즈음은 평균수명나이가 그보다 훨씬 위가 되지 않던가. 갑자기 인생이 허무하고 덧없다는 생각이 들었다.

정식이와 나는 가난에 찌든 시골구석 지곡리에서 태어났다. 지금 가고 있는 길은 아스팔트길을 시원스럽게 달리고 있지만, 얼마 전까지만 해도 지곡리로 가는 길은 멀고 험하기만 했다. 털털거리는 버스 차창 밖으로 먼지가 풀풀 날려대면 이것이 내 고향으로 가는 길이구나 할 정도였다. 나는 고향이 지겨워 떠나왔지만 정식이는 오늘날까지 지지리도 못나게 고향에서만 살다가 가버린 것이다.

일년 전, 그가 나를 찾아왔었다. 반백의 머리칼이야 나와 마찬가지였고 다른 것은 흠잡을 때 없는 건강한 모습이었다. 면서기 일을 하고 있었는데 명퇴를 했다고 했다. 살림도 좋아졌고 자식들도 장성해서 더 바랄 게 없어 농사나 지으면서 말년을 보내겠다고 해서 오히려 부러워했었다. 사실은 그때 몹쓸병에 걸려 있었는데 감추었던 모양이다. 좋아하던 술을 끊었다고 했을 때 눈치를 챘어야 하는데 나는 오히려 축하를 했었다. 내가 너무 무심했던 모양이다. 버스 속에서 후회를 했다.

그와 나는 초등학교를 함께 다녔다. 정식이는 그 시절 가난을 대표하는 존재였다. 전라남도에서 이사를 온 그는 홀어머니와 단둘이 우리 뒷집 문간방에 세들어 살았다. 그의 어머니가 행상을 해서 살아가는 처지로 해진 바지와 구멍 난 고무신이 정식이의 상징이었다. 볼록 튀어나온 배가 무거운 듯 힘없이 비칠비칠 우리 뒤를 따라다니던 연약한 모습이 안쓰럽기조차 했었다. 새 연필이나 공책은커녕 도시락 싸오는 것을 한 번도 보지 못했다. 한번은 내가 도시락을 나누어 먹자고 했다. 처음에는 망설이다가 몇 번 권했더니 버드나무 가지를 꺾어들고 아주 조금 떠서 입에 넣고 눈을 꼭 감은 채 오래 씹어서 삼켰다.

그런 정식이가 신명을 낼 때가 있었다. 어디서 배웠는지는 몰라도 장타령을 아주 잘했다. 힘없이 처져 있다가도 우리가 장타령을 요구하면 마치 내가 너희에게 해 줄 수 있는 것은 오직 이것뿐이라는 듯이 거절하지 않았다. 나는 그 장타령을 하도 많이 들어서 정식이가 장타령을 할 때면 배가 든든한지 고픈지까지 알 수 있었다.

겨울날 햇볕이 따사로운 교실 창문 밑 양지에 정식이가 힘없이 서 있었다. 도시락을 까먹은 아이들이 운동장에서 뛰어 놀았다. 그 날은 볼록한 정식의 배가 유난히 커 보였다. "임마, 무얼 이리 많이 먹었냐?" 친구녀석 하나가 튀어나온 배를 툭 쳤다. 슬픈 눈으로 쳐다보던 정식이가 아주 작은 목소리로 말했다. "물밖에 먹은 게 없다." 우린 와! 하고 모두 웃었지만 정식이는 너무나 슬프게 보였다. "어얼 씨구씨구 들어간다." 정식이가 갑자기 아주 작고 슬픈 목소리로 장타령을 시작했다. "작년에 왔던 각설이……." 점점 작아지던 목소리는 어느새 입안에서 웅얼거림으로 변했다.

학교를 졸업하고 그와 헤어졌을 때도 나는 괴롭고 어려울 때면 정식이의 장타령을 생각하고 견디곤 했었다.

쓸쓸한 모습의 정식이의 영정에 술잔을 올리면서 너무나 무심했던 나를 책망하며 오열했다. 정식이의 어얼씨구 장타령이 환청처럼 들려오고 있었다.

'잘 가시게. 배고픔도 장타령도 없는 하늘나라에서 편히 쉬시게.'

그를 떠나보낸 고향에 다시 올 일이 없다 해도 그와의 추억은 영원히 남아 있을 것이다.

주례사

주택가에서 조금 떨어진 골목에 대성 복덕방이 있다. 그 곳의 박 사장은 나와 죽마고우다. 그는 부동산 경기가 한창 붐이 일어났을 때 돈을 벌었기 때문인지 요즈음처럼 불경기에도 난방비 따위는 걱정도 하지 않고 문을 열어 친구들에게 놀이터를 제공해 주고 있다. 정년퇴직하고 갈 곳 없는 우리들에게는 구세주다. 장기나 바둑, 화투 같은 놀이기구도 완벽하게 준비되어 있다. 그렇다고 다른 곳처럼 전화비 따위를 걷는 것도 아니어서 매일 출근하는 사람이 많다.

사람 사는 곳에 오는 사람을 거절할 수는 없는 일이지만, 단 이곳에 출입을 하려면 엄격한 규약을 통과해야 한다. 낯선 사람은 받아주지 않고 혹여 몇 번 출입을 한 사람이라도 매너가 나쁜 사람은 거절을 한다. 박 사장의 뜻이 아니라 우리 모두의 보이지 않는 약속이다. 왕따를 시켜서 본인 스스로 나오지 못하게 하는 것이다. 그런데 예외가 있다. 김 교장이다. 모두 좋아했기 때문에 규약 따위를 계산해 본 적도 없는 것이다.

초등학교 교장을 역임했다는 선생은 풍채도 점잖지만 요즈음 말하는 쓰리(THREE)업(UP)을 제대로 갖춘 분이다. 매일 몸을 깨끗이 하고, 말을 줄이고, 남보다 앞서 돈을 잘 내야 나이 먹은 사람이 대우를 받는다는 것이 소위 쓰리 업이라면 선생은 그 표본인 것이다. 비록 자장면이지만 점심때면 생색도 내지 않고 앞장서서 돈을 내고 언제나 정장 차림에 과묵했다.

모두 선생을 존경했다. 때문에 아들 결혼식을 치러야 할 박 사장이 당연하다 싶게 주례를 부탁했다. 한데 엉뚱한 일이 벌어졌다. 선생이 불같이 화를 내면서 일언지하에 거절을 하고 만 것이다. 생전 화를 내지 않을 것 같은 선생이었다. 더구나 어렵게 부탁을 했는데 한마디로 거절을 하는 것을 보면서 우리까지 민망하게 되고 말았다.

무슨 사정이 있는지는 몰라도 선생이 해도 너무했다 싶었다. 박 사장의 눈치도 있고 해서 다시는 복덕방에 나오지도 못하겠지 했는데 다음날 언제 무슨 일이 있었냐는 듯이 멀쩡한 얼굴로 나타났다. 하지만 우리는 모두 어색해서 인사하기조차 서로 어색해졌다. 선생이 눈치를 챘는지 나를 잡아끌었다. 함께 나가고 싶지 않았지만 지금까지 정을 생각해서 충고라도 해주려고 따라나섰다.

"화낸 이유를 설명을 하리다. 주례 소리에 나도 모르게 흥분을 한 것이었소. 내 평생 딱 한번 했는데 그때 다시는 주례를 서지 않겠다고 맹서를 했던 거요. 설명을 들어 보시오. 정년퇴직을 하고 나서 얼마 후 동네에 살고 있던 제자 놈 하나가 찾아와 주례를 부탁했었소. 주례는 처음이라 새로 양복까지 한 벌 맞춰 입고 밤잠까지 설치면서 주례사를 연습했지요. 주례사라는 것이 원래 신랑, 신부에게 영원히 귀감이 되어야 할 게 아니오? 그래서 단단히 준비를 하고 올라갔지만 하객들로 소란스러워서 주례사를 제대로 할 수가 없었소. 해서 교단에서의 방법으로 분위기를 가라앉히려고 엉뚱한 소리를 했지요. 화투장이 몇 장인지 아십니까? 때아닌 화투장 소리에 당연히 식장은 조용해졌지요. 됐다 싶어 다음 말을 하려는데 사회를 보는 친구가 메모지 하나를 전해줍디다. 쳐다보았더니 신혼여행 비행기 시간이 촉박하니 주례사를 끝내 달라고 써 있습디다. 순간 당황해서 외우고 연습했던 주례사의 순서를 까먹고 말았소. 엉겁결에 주례사를 끝내고 말았소. 덕분에 주례사는 화투장이 몇 장인지 아십니까. 그뿐이었소. 화투가 몇 장이냐, 주례 끝. 그것이 교장까지 한 내가 한 주례사였으니 화가 나지 않겠소."

듣고 보니 요즈음 황당하고 다급한 결혼식장의 횡포에 편승한 젊은이들의 무례가 실감되었다. 쓸쓸한 선생의 얼굴을 보면서 복덕방에 있는 친구들을 어떻게 이해시켜야 할지 걱정이 앞섰다.

가방 때문에

내가 낚시에 향수를 느끼기 시작한 것은 시골에서 살다가 이웃으로 이사를 온 박 영감 때문이었다. 영감이 처음 이사를 왔을 때만 해도 나와 자질구레한 다툼이 많았다. 도시 생활에 적응이 되지 않아서였는지 여러 가지로 말썽을 일으키더니 요즈음은 나와도 제법 가까워졌다. 술도 전처럼 많이 마시지 않는 것 같았다. 어쩌다 골목에서 만나면 아주 환하게 웃으면서 반갑게 손을 잡고 흔들기까지 했다.

며칠 전에는 뜬금없이 낚시 이야기를 꺼냈다. 자기가 살던 고향 마을에 아주 근사한 낚시터가 있는데 함께 가보지 않겠냐는 것이었다. 오랫동안 잊어버리고 살았던 낚시 이야기였기에 그저 별로 들었는데 몇 번을 거듭 듣다보니 불현듯 낚시가 그리워졌다.

내가 처음 낚시를 해본 것은 고향마을 늪사지 방죽에서였다. 바다를 보지 못하고 자란 나에게 늪사지의 푸른 물은 끝없는 낭만이었다. 낚싯대는 뒤뜰 대나무 밭에서 낭창거리는 것으로 고르면 되고, 미끼는 걱정할 일이 아니었다. 우물가 수챗구멍에서 지렁이 몇 마리 잡아서 호박잎에 싸면 준비 끝인 것이다.

반공일은 어김없이 마루에 책가방을 던져 버리고 방죽으로 달려갔다. 하얀 뭉게구름 떠가는 파란 하늘 밑에 앉아 푸른 물 넘실거리는 방죽에 대나무 낚싯대를 드리우면 마음은 언제나 월척의 꿈으로 가득찼다.

낚시꾼의 허풍이야 세상이 다 아는 일이다. 팔뚝만 한 잉어를 낚아 올렸던 기억이며 가물치, 메기까지 낚았던 추억이 되살아났다. 박 영감을 따라 낚시를 한번 나가보고 싶다는 생각이 불현듯 일어나고 말았다. 이번 주말에는 낚시점에 들러 낚시도구를 준비해야겠다고 마음먹었다.

아침부터 박 영감이 찾아왔다. 자기가 안내도 하고 매운탕에 소주까지 사겠으니 이번 주말에 함께 나가자고 했다. 아쉽지만 나는 주말에 딴계획이 있었다. 또 아직 낚싯대도 준비를 하지 못한 처지라 이번에는 안 되겠다고 대답을 했더니 갑자기 영감의 얼굴이 파래졌다. "나 참, 기가 막혀. 하기 싫으면 그만이지 멀쩡한 낚싯대가 없다는 핑계는 무슨 경우여. 시방 촌사람이라고 우습게 보는 것이여. 더러워서, 퉤." 영감이 노골적으로 욕을 해대면서 성난 얼굴로 홱 돌아가 버렸다.

갑자기 태도가 바뀐 영감의 속내를 몰라 당황스러웠다. 또 옛날로 돌아가 마을사람 아무에게나 내 욕을 해대고 다녔다. 이번에는 분명히 이유가 있는 욕이었는데 내용이 너무 엉뚱했다. 주말마다 혼자 낚시를 나가기에 함께 가자고 한 것뿐인데 내가 영감을 무시해서 거절을 했다는 것이다.

억울하기가 이를 데 없었다. 억지를 부리는 것도 줄거리가 맞아야 하는 것 아닌가? 주말에 나 혼자 낚시를 나간다니 말이 되는 소리인가? 화가 나는 것은 오히려 나였다. 영감을 만나 따져보아야겠다는 생각이 들어 현관을 나가다가 나도 모르게 무릎을 치고 말았다. 모퉁이에 기대어 있는 가방 때문이었다. 갑자기 웃음이 터져 나왔다. 박 영감의 오해가 이제야 이해가 된다. 내가 주말이면 가끔씩 자동차에 싣고 나가는 골프 가방을 영감이 낚시 가방으로 착각했던 모양이었다.

그러면 그렇지. 영감이 아무 이유도 없이 내 욕을 그렇게 무지하게 할 수 있었겠는가. 세상 만사가 우스운 일이다. 모름지기 자기 위주로 해석하고 또 판단하면서 살아가는 것쯤은 알고 있는 터지만 영감의 오해는 너무 일방적인 것이었다. 영감에 대한 내 오해는 풀렸다고 하더라도 영감이 내게 갖고 있는 오해는 어떻게 풀어야 할 것인지 걱정이다. 열일 제치고 이번 주말에는 박 영감을 따라 낚시를 나가보아야 할 것 같다.

듣고 보니

나는 시골 읍 소재지에서 고등학교를 졸업했다. 내 출생지는 지금 살고 있는 군산이지만 어려서 아버지를 따라 원적지 K읍으로 가서 그 곳에서 청소년기를 보내다가 다시 군산으로 돌아왔다.

아무리 출생지라고 해도 사춘기에 떠났다가 다시 돌아와 보니 모든 것이 낯설기만 했다. 마치 새로 전학온 편입생 꼴이 된 것이다. 다행인 것은 어려서 함께 자랐던 몇몇 친구가 기억을 해준 것이다. 덕분에 새로운 재미가 생겼다. 얼굴을 보면 모르겠는데 이야기를 더듬다 보면 기억이 나서 반갑고 기쁜 것이 새록새록 재미가 나는 것이었다. 다만 미안한 것이 상대가 나를 알아보는데 내가 기억을 하지 못하는 경우였다. 때문에 한번 만나고 다음에 만날 때는 어찌하든 이름을 기억

하려고 내 딴에는 꽤나 노력을 했다.

하지만 유독 김승배만큼은 뚜렷하게 기억할 수 있었다. 명함 때문이기도 하지만 병수 때문에 확연히 기억에 남게 된 것이다. 병수가 승배를 치사한 놈이라고 욕을 해댈 때까지만 해도 그저 그런가 보다 했다. 두 번째 만났을 때는 하도 비웃는 소리가 커서 일부러 다시 명함을 꺼내 살펴보았다. 광명철공소 회장 김승배라고 적혀 있었다. 붕어빵 장사도 회장이라고 해야 하는 것 아니냐고 비웃는 소리였다.

하지만 나는 병수의 생각에 동조를 할 수가 없었다. 남에게 피해 주지 않고 자기 철공소에 사장을 하든 회장을 하든 시비할 일이 아니라는 생각 때문이었다. 다만 술자리에서 함께 술안주로 씹어대는 것이야 싫지 않아서 너도 회장 하면 될 게 아니냐고 은근히 약을 올려 주면서 낄낄댔다.

병수의 말인즉슨, 회장은 아무나 하는 게 아니라는 것이다. 최소한도의 품위를 지킬 수 있는 정도가 되어야 회장이라고 할 수가 있다는 지론이었다. 자격으로 말할 것 같으면 주식회사를 두 개 이상 가져야 한다. 승용차도 고급이어야 하고 은행 지점장 정도는 아침 문안을 올리러 올 정도는 되어야 한다. 철공소는 첫째 주식회사도 아닐 것이고 돈은 얼마나 있는지 모르지만 타고 다니는 승용차가 소형차인 것으로 봐서는 회장의 격에 맞지 않는 것 같기도 했다. 비록 페인트 장사를 하고 있지만 세상경험이 많은 병수가 제법이라고 공감을 할 수밖에 없었다.

그리고 세월이 많이 지났다. 내가 이사 왔을 때는 별일 없이도 자주 만나 아옹다옹하던 친구들이 다른 직장이 생기면서 뿔뿔이 흩어졌던 것이다. 서로의 애경사 연락 정도가 고작이었는데 뜬금없이 병수에게서 초청장이 날아왔다. 페인트 가게를 늘려 다시 개업을 한다고 했다. 초청장이 회장 이름으로 되어 있다. 그렇다면 병수의 지론대로 그동안에 장사가 잘 되어 주식회사를 두 개나 만들었다는 이야기가 된다. 우리 모두는 회장의 위상을 누구보다 잘 알고 있는 병수였으니 지금쯤 아마 돈을 많이 벌었던 모양이라고 생각하면서 기쁜 마음으로 철쭉 화분 하나를 사들고 시간에 맞추어 찾아갔다.

식장은 기대했던 것보다 초라했다. 하객도 별로 없었지만 페인트 상회도 전과 달라진 게 없었다. 사장은 제대한 큰아들이고 경리 사원은 며느리였다. 뭔가 좀 어색했지만 축하인사를 해주었다. 병수가 서둘러 내게 맥주 잔을 건네면서 변명처럼 말했다. 내가 회장이 탐나서 하는 것은 아니다. 승배의 철공소가 떠올라 누가 등 떠밀었냐고 대꾸를 해주었더니 나이 먹으니까 사장질도 못하겠더라. 관공서에 가 봐라. 말단에 있는 사람도 걸핏하면 사장 오라고 고함지르지, 시시한 교통사고만 나도 사장놈 끌어내라고 악을 써대는 것이 싫어서 아들놈에게 사장 자리를 내주었더니 완전히 뒷방 영감으로 밀려나 할 수 없이 다시 회장으로 취임을 했다는 것이다.

그의 목소리에는 애절한 울림이 있었다. 웃음이 나왔지만 듣고 보니 그의 말이 이해되는 듯싶어서 페인트 가게 회장 손을 잡아 주고 일어섰다.

2부

자화상

퇴근을 하면 거의 대부분을 동창회 사무실에서 보낸다. 태어난 곳에서 평생을 떠나지 못하고 살고 있다. 변화 없는 내 처지가 지루할지 몰라도 외로움은 모르고 산다. 아무때고 찾아갈 친구가 있다는 것은 행복한 일이다. 누가 오라고 해서 오는 것도 아니고 가라고 해서 가는 것도 아니다. 오늘도 내 발로 술친구를 찾아 동창회 사무실을 찾아갈 뿐이다.

사실 생각해 보면 동창회 사무실로 출근하는 우리는 별 볼일 없는 인간들이다. 공부를 잘했거나 돈 많이 벌어 출세한 친구들이야 모두 다 외지로 나가버리고 없다. 고만고만한 우리끼리 매일 만나 아옹다옹하며 사는 것이 무슨 자랑일까? 하지만 우리는 고향의 파수꾼이라고 위안을 하면서 서로를 아끼며 사는 것이다.

수석 잘 보관하고 있지? 동창회 사무실에서 소주를 마시다가 형수가 내게 물었을 때 나는 갑자기 등에 전류가 흐르듯 오싹 한기가 돋아났다. 갑자기 녀석의 얼굴이 낯설어지면서 나도 모르게 마음이 바빠지는 것이다. 문득 다시 확인해 보고 싶다는 생각이 불쑥 일었다. 내 마음을 알 리 없는 친구녀석들은 누구도 이상하게 생각하는 사람이 없었다.

바쁘게 사무실로 돌아와 문을 열고 경보 장치를 해제했다. 탁자 위에 그대로 있다. 나는 담배를 한 대 피워 물고 소파에 앉아 유심히 쳐다보았다. 수석도 싸늘한 얼굴로 마주 보고 있다. 형수가 내게 선물한 형상석이다. 형수를 보면서 생각날 듯 싶었던 얼굴이다. 오늘 밤은 기필코 돌멩이의 얼굴을 찾고야 말겠다.

지난봄, 녀석이 돌멩이 하나를 들고 와서 내 탁자 위에 얹어 놓고 갔을 때만 해도 아무 관심도 없었다. 아니 귀찮았다고 하는 것이 옳았을 것이다. 사실 사람들은 나보고 정서가 메말랐다고 하겠지만 먹고사는 것도 바쁜데 그림이니 수석이니 하고 요란을 떠는 사람들을 보면 한심하다고 오히려 비웃어 주기도 했다. 한데 엉뚱하게 돌멩이 하나를 들고 와서 아들놈 등록금을 달라하니 짜증이 날 수밖에 없었던 것이다.

동창생인 처지로 까짓 몇 푼돈이야 거절할 처지가 아니지만 내 취미와는 무관한 이딴 선물이 무슨 소용인가? 오히려 귀찮고 불쾌했을 뿐이었다. 한데 이상한 일이 생겼다. 싫고 보잘것

없다고 생각한 돌멩이가 시간이 지나면서 내 시선 속에서 자꾸 얼씬거리는 것이다. 출근을 하면 이상하게 버릇처럼 쳐다봐지는 것으로 습관이 되어버리고 말았다. 돌멩이 속에 무언가 보이기 시작했다. 분명히 사람 얼굴이었다. 그것도 어디선가 보았던 것 같은 생각이 든다. 누굴까? 기억해 내고 싶어서 쳐다보고 있으면 떠오를 듯하다가 또 안개처럼 사라져 버린다.

둥그런 이마, 길쭉한 코, 널찍한 볼, 잘생기지는 않았지만 밉지 않은 얼굴이다. 어쩌면 속없이 웃고 있는 것 같은 저 얼굴은 분명히 어디선가 본 기억이 난다. 생각이 날 듯 하면서 떠오르지 않는 저 얼굴은 누구일까? 좀 전에 형수를 보면서 윤곽이 보일 듯 싶었던 얼굴이다. 어둠 속에서 보면 알 수 있을까? 탁자 모서리에 있던 수석을 정면으로 옮겨 놓고 마주 보면서 불을 껐다.

눈을 감았다. 희미한 영상이 보이기 시작한다. 아물아물 그림자 같은 모습에 바보 같은 웃음도 보인다. 이마가 보이고 턱이 보이고 귀가 보인다. 생각났다. 나도 모르게 벌떡 일어났다. 거울 속에서 보던 얼굴이다. 이제야 겨우 마음의 눈을 뜬 것인가? 형수가 내게 준 선물은 자화상이었다. 돈 몇 푼 벌었다고 세상 모르게 싹터 오던 교만과 아집을 버리고 내 본래의 모습을 찾으라고 보내준 선물이었다. 천천히 다가가 조금은 바보 같지만 웃음을 띠고 있는 돌멩이얼굴을 손바닥으로 닦아주었다.

새삼스럽게 거울 속에 비친 짜증난 지금의 얼굴을 보면서 원래의 내 모습이었던 순박한 얼굴로 돌아가야겠다고 다짐을 하면서 선물을 준 형수에게 고맙다는 생각을 했다.

한번만이라도

종교를 떠나서 스님들을 좋아한다. 인간으로서 속세와 정을 끊고 금욕으로 산속에서 외롭게 생활한다는 것이 얼마나 어려운 일인가? 금주 한 가지도 지킬 수 없는 속인인 나로서는 상상도 하지 못하는 일이다.

해맑던 소년스님 원명元明은 지금쯤 어느 산사에 고승이 되어 있을까? 아니면 파계를 하고 나와 같은 평범한 속인이 되었을까? 헤어진 지 꽤 오래이고 보면 오다가다 만나도 얼굴조차 알아볼 수조차 없을 것 같다. 원명과 인연을 가졌던 건 이십여 년 전 사업에 실패하고 잠시 흥복사에 몸을 의탁하고 있을 때였다.

호남의 곡창인 김제에서 익산 쪽으로 십 리쯤 가다보면 백산면을 등지고 길 옆으로 잘 다듬어진 인공 수로가 있다. 흐드러진 벚꽃 나무 밑으로 따라가다 보면 잘 자란 황송과 산대나무가 어우러진 산중턱에 크지 않은 대웅전이 보인다. 내가 초등학교 다닐 때부터 소풍을 다니던 곳이었으니 내 꿈과 낭만이 서린 곳이기도 하다. 때문에 철이 들고 고향을 떠나서도 절이라고 하면 먼저 떠오르는 곳이 흥복사였다. 물 맑고 경치 좋은 절이 어찌 흥복사뿐이랴? 하지만 그곳은 아옹다옹하던 어릴 적 친구들이며 수윤이까지 많은 추억을 갖고 있는 곳이다.

이십여 년 전에 사업에 실패를 하고 심한 우울증에 걸렸을 때도 쉬고 싶어 찾아간 곳이 흥복사였다. 주지 스님께 사정을 해서 문간방에 기거를 정했다. 고향에 온 것처럼 포근한 기분으로 오랜만에 곤한 잠을 잤다. 주지 스님 말고도 두 분이 더 있었는데 그 중 한 분이 어린 원명이었다. 맑은 얼굴에 깊고 푸른 눈이 계집아이 같았다. 부모가 없어 출가를 했기 때문인지 나를 많이 따랐다. 내 방에는 난잡한 잡지나 조잡한 만화가 뒹굴고 있어서 나이 어린 원명이 들어오면 귀찮았지만 귀여워서 놓아두었다.

오랜만에 빚쟁이와 떨어지고 보니 마음이 편한 것도 잠시였다. 풀뿐인 절 밥에 짜증이 나더니 급기야는 술이며 고기 생각에 안달이 나고 말았다. 그렇다고 절을 빠져 나올 처지도 아니어서 절 근처를 배회하는데 언덕 너머 외딴집 마당에서 놀고 있는 살진 암탉이 눈에 들어왔다. 옛날 서리하던 기분으로 훔쳐다 먹을까 생각했는데 산닭처럼 빨라 도저히 잡을 수가 없었다. 아쉽지만 돈을 주고 한 마리를 샀다. 아무도 모르게 뒷산에서 진흙을 발라 삭정이 모닥불에 얹었다. 어떻게 알고 왔는지 원명이 앞에 앉아 있었다. 순간 나는 분별력 없는 내 살생을 어린 스님이 어찌 생각할까 걱정도 되었지만 벌써 익기 시작한 닭고기의 유혹을 뿌리칠 수가 없었다. 아직 다 익지도 않은 닭다리 하나를 집어 들어 크게 한 입 베어 물었다. 눈이 뒤집힐 만큼 맛이 있었다. 아귀같이 뜯어먹다가 문득 보니 원명이 나를 빤히 쳐다보고 있다. 측은해서 남은 닭다리를 집어 주었다.

엄지와 검지로 벌레 잡듯 들고 빤히 쳐다보는 원명의 손을 입으로 밀어 주었다. 원명이 한 입 베어 물었다. 중이 고기 맛이라고 했던가? 아주 맛이 있게 씹기 시작했다. 닭다리 하나를 빼앗긴 건 아쉽지만 그래도 어린아이에게 좋은 일 했다 싶었다. 한데 이상한 일이 벌어졌다. 닭다리를 입에 문 채 원명이 우는 것이다. 웬일인가 했는데 원명이 갑자기 닭다리를 내던지고 과감히 일어나는 것이었다. 말리고 자시고 할 겨를이 없었다. 그냥 산을 내려가 버리고 말았다.

순간 내 가슴으로 뭉클, 슬픔 같은 것이 밀려오고 있었다. 내가 또 몹쓸짓을 한 것이다. 그 일을 핑계로 나는 절을 떠나왔지만 내 분별력 없었던 닭다리 하나로 크게 득도할 스님 하나를 버려 놓은 것이 아닌지 걱정을 많이 했다. 그날 이후 내가 어려울 때면 어린 원명의 용기를 떠올리면서 참았다. 어린 나이에 감히 닭고기의 유혹을 뿌리치고 일어나던 그 용기면 지금쯤 어느 곳에서 크게 득도를 해서 중생을 구제하고 있을 것이다. 흥복사 앞을 지날 때면 원명의 해맑은 얼굴을 한번만이라도 보고 싶은 충동에 가슴이 설렌다.

가짜가 진짜를

가짜가 판치는 세상이라고 해도 신경조차 쓰지 않았다. 나와는 무관하다고 생각해서였다. 부끄러운 이야기이지만 정의감이니 의협심이니 하는 말 따위는 잊어버린 지 오래되었다. 설령 옆에서 누가 죽어간다고 해도 나와 관계없는 일이라면 간섭하고 싶지 않은 것이 솔직한 내 심정이었다.

시쳇말로 술이라면 사족을 못 쓰는 사람이 나이다. 그런데도 한때 양주가 가짜라고 떠들어대도 웃어넘기고 말았다. 나는 주로 소주를 먹기 때문이었다. 내가 먹지도 않는 양주가 가짜라고 한들 그것이 뭐 대수일까 했던 것이다.

한데 미처 깨닫지 못했을 뿐, 이미 나도 그 가짜 판에서 자유로울 수 없었던 것이다. 우리가 늘 먹고사는 농산물까지 가짜 천지였다니 가짜 세상이 나와 무관했던 것이 아니었던 모양이다.

일례로 수입한 먹을거리에 버젓이 국내산 딱지를 붙여서 판매하고 있는 일이 다반사이니 이거야말로 우리를 두 번 죽이는 일이 아닌가. 무역이 자유화된 지금 신토불이만 주장할 수는 없을 터, 농수산물 수입은 불가피하다 치더라도 적어도 표기만이라도 제대로 해 주어야 할 게 아닐까 싶다.

전혀 다른 토양에서 자란 농산물을 먹고 성장하는 아이들의 정서가 어떨지 걱정이고, 유통과정에서 발생하는 여러 문제점으로 인해 건강까지 위협을 받을지 모른다는 생각을 하면 갑자기 마음이 불안해진다.

새삼스럽게 주변을 둘러보았다. 나와 관련이 없다고 생각했던 것들이 그물망처럼 얽혀 있어 어느 것 하나 나와 관련되지 않은 것이 없는 것 같다. 그렇다. 혼자 사는 세상은 아니지 않는가. 사회의 진실이 바로 나의 진실이고, 사회적인 분노가 나의 분노여야 하지 않을까? 결국 내가 외면했던 많은 진실들이 부메랑이 되어 내 앞에 떠억 나타나 있을 줄이야. 내가 혼자서 이기적으로 사는 동안 주변이 너무 많이 변해 있었다.

일 년 전, 학교 동창인 친구가 찾아왔었다. 자식놈 등록금을 빌려달라면서 서예 한 점을 내놓았다. 친할수록 거래는 분명히 하겠다는 심산이었던지 국전에 입선한 작품으로 빌려가는 돈의 세 배쯤 값이 나간다고 했다.

친구에게 돈 몇 푼 빌려 주면서 담보까지 잡는 것 같아 미안했지만 거절하지 않고 받아두었다. 경제적인 가치보다는 서예에 문외한인 내가 보기에도 글씨가 마음에 들었기 때문이다.

전시회에 여러 번 가 본 적은 있지만, 그때까지 입선한 작품을 소장해 본 적은 없었다. 그래서 눈 꾹 감고 이번 기회가 아니면 내가 언제 이렇게 훌륭한 작품을 소장해 볼 수 있을까 싶어 챙겨 둔 것이다.

사람 마음이란 참 간사한 것이다. 작품이 욕심나다 보니 은근히 딴마음까지 생겼다. 빌려 간 돈이 기일까지 돌아오지 않았으면 하는 엉뚱한 생각까지 하게 된 것이다.

내 마음을 알았을까? 고맙게도 친구녀석은 약속한 날짜가 훨씬 지나서도 돈을 가져오지 않았다. 돈을 갚지 않는 것이 고마운 건 처음이었다. 은근슬쩍 전화를 해보았다. 기일 안에 갚지 못해서 미안하다는 인사와 함께 담보로 대신하면 어떻겠냐고 했다.

나는 서둘러 액자를 만들었다. 벽에 걸어 놓고 보니 방안이 환했다. 찾아오는 손님들에게 자랑도 했다.

한데 이 작품이 가짜라는 것이다. 서예평론가의 말이니 믿을 수밖에. 게다가 가짜란 이유까지 설명해 주었다. 낙관 위에 써진 작가의 이름하고 본문의 글씨 필체가 다르다는 것이다. 본문은 정자이고 이름은 초서였다. 듣고 보니 그런 것 같았다.

글씨만 좋으면 그만이지, 쓴 사람이 다르면 어떻단 말인가. 그동안 그로 인해 적잖이 행복했거늘, 새삼스럽게 이제 와서

진위를 가린다 한들 어쩌겠는가. 그런데도 기분은 영 그게 아니었다.

국전 입선 작품이라고 침이 마르게 자랑을 해댄 나만 무식한 인간이 되고 말았다. 굳이 따지자면 어디 붓글씨뿐인가? 가수는 모창이 더 근사하고, 그림은 복사본이 더 아름답고, 문학은 대필이 더 잘 팔리는 세상이고 보면 가짜가 진짜를 이기는 세상이 된 것이 분명할진대, 내가 알은체를 조금 했다고 무슨 흉이 되랴.

오늘도 애써 마음을 달래 본다.

멋진 승부를

세상천지가 선거열풍으로 뒤덮였다. 대통령부터 시작해서 국회의원, 지방 단체장…. 어디 그뿐인가? 각종 예술단체며 심지어 무슨 조합장에 이르기까지 온통 세상이 선거판이다.

그 흔해터진 선거판에 어느 곳 하나 후보로 나서 본 적도 없으면서 무엇 때문에 가타부타 시비냐고 할지 모른다. 하지만 모른 체 뒤로 물러나 방관할 수만은 없는 것이, 하기 싫어도 유권자로서 투표에 참여하지 않을 수 없기 때문이다.

선거때가 되면 후보자보다 더 어려운 것이 유권자다. 누구를 선택하느냐 하는 문제부터 골치가 아파온다. 그 많은 후보자들 중에서 누가 어떤 사람인지 일일이 파악할 수도 없고, 또 파악한다고 해도 단지 인물 됨됨이만 가지고 우열이 가려지는 게 아니다 보니 그 또한 만만한 게 아니다.

일꾼을 뽑는다고는 하지만 어디 개인의 능력만 보고 투표할 수 있는가? 친척도 있고, 이웃의 친한 사람이 후보로 나오면 이것저것 따질 것 없이 붓두껍이 제 발로 걸어가게 되어 있으니…. 게다가 친한 사람이 하나 이상이면 선거가 끝날 때까지의 그 갈등을 무엇에 비하랴.

특히 괴로운 것은 서로 얼굴을 훤히 알고 있는 단체장을 뽑을 때다. 어떻게 된 영문인지 명색이 비밀투표인데도 투표가 끝나면 누가 누구를 찍었는지 훤하게 알게 되니 말이다. 그러니 선거 끝엔 으레 승부와 상관없이 그야말로 입장이 곤란해진다.

당선자에겐 그렇다 치더라도, 떨어진 쪽은 마치 나 때문에 떨어진 것 같아서 왠지 마음이 편치 않고 민망하다. 후보자들이야 벼슬하겠다고 나섰지만 유권자들은 무슨 죄인가. 끝나고까지 욕을 먹어야 하니 답답한 일이다.

얼마 전 경제단체장선거에서 유권자였던 나는 몹시 난처한 적이 있었다. 후보 두 사람이 모두 친분이 있어서 내 깐에는 엄정 중립을 지켰다. 한데 선거가 끝나고 두 사람 다 나를 향해 이상한 눈초리로 째려보는 것이다. 자신을 밀어주지 않았다는 이유였다.

기가 막혔다. 선거 기간 동안 양쪽을 다 만났던 것은 사실이다. 오히려 내 입장을 설명하느라고 내가 먼저 주선한 자리였다. 그 자리를 마련한 것이 결국 화를 불러왔다. 서로 내가 양

다리를 걸쳤다고 생각한 것이다. 당선자는 당선자대로 자신의 편이 되지 않았다고 등을 돌려버렸고, 패자는 마치 나 때문에 선거에 진 것처럼 원망하고 있었다. 선거 때문에 좋은 친구 둘을 한꺼번에 잃어 버렸다.

나 또한 내 입장을 전혀 고려하지 않는 그들의 처사가 서운해서 상종 못할 사람들이라 생각하고 쓴웃음을 웃고 말았지만 기분은 영 엉망이었다.

선거의 끝은 왜 이렇게 치사한가? 참가하는 데에서 의의를 찾는다는 것은 그만두고라도, 꼴찌로 골인하는 마라토너에게도 아낌없는 박수를 보내는 진정한 스포츠 정신이 왜 선거판에서는 없는 것일까? 수단과 방법을 가리지 않고 당선만 하면 그만이라는 소인배를 지도자로 모셔야 하는 세상이 너무 한심스럽다.

내가 초등학교를 다닐 때는 자신이 반장을 하고 싶어도 막상 투표용지를 받으면 비밀투표 용지에 자신의 이름을 써서 내는 것을 부끄럽게 생각해서 다른 아이 이름을 썼었다.

어린아이들이지만 겸손을 알았고 양심이 있었다. 그러고 보면 요즈음 어른들의 선거는 초등학교 어린아이들 반장선거만도 못한 꼴이 되고 만 셈이다.

진정으로 나라를 위하고 단체를 위해서 자신이 당선되어야 한다고 믿으니까 출마를 했을 것이다. 하지만 어느 경우에도 민주주의 원칙만은 지켜져야 하지 않겠는가. 아무리 당선하고 싶은 마음이 절실해도 모략이나 권모술수 따위는 배제되어야 하는 것이 민주주의를 할 수 있는 가장 기본적인 자격이 아닌가 싶다.

사나이답고 정정당당하게 멋지게 승부를 하고 나서, 승자는 아량으로, 패자는 승복으로 선거의 모범을 보일 때 진정으로 존경받는 지도자가 될 수 있을 것이라고 생각해 본다.

지가 기면서

나이 탓일까, 내 의사와는 관계없이 여러 곳에서 고문이라는 직책을 의뢰 받는다. 실속도 없는데 별 볼일 없이 여기저기 이름이 끼다보니 주변 사람들에게 마치 내가 벼슬(?)이나 탐해서 체면도 없이 좇아다니는 소인배로 치부되는 것 같아서 창피하다.

여러 사람이 사는 세상에 나 하나 편하자고 이것도 저것도 거절만 하고 살 수도 없는 일이지만, 내 의사도 묻지 않고 일방적으로 통보해 올 때는 입장이 난처하기도 하다. 설령 내가 거절을 못하고 그 고문이라는 직책을 받아들인다 해도 역할을 감당할 수 있는 능력이 있는지도 의문이다.

고문이, 전문적인 지식과 경험이 많은 사람이 자문에 응하여 자신의 의견을 말하는 직책이라는 것쯤은 알고 있는 나는 답답한 경우가 한두 번이 아니다. 전혀 내 전문성 따위는 고려하지 않은 위촉인 경우가 많기 때문이다. 그런 경우에는 그야말로 고문顧問이 아닌 고문관顧問官이 될 수밖에 없는 것이다.

'고문' 이라는 직책은 상황에 따라서는 전혀 상반된 해석이 따르는 재미있는 이름이다.

해방이 되고 정부가 수립되기 전, 여러 곳에 미 고문관이 파견되어 배치되었다. 각 기관에 전문가를 배치한 것이다.

군대에도 당연히 고문관이 있었다. 하지만 우리의 말과 문화를 모르는 그들은 사사건건 마찰을 일으켰다. 그러다 보니 자문에 능숙하게 응해 업무처리에 도움을 주기는커녕 오히려 업무에 차질을 빚곤 했다. 본래의 고문이라는 목적을 달성하기는커녕 어리숙하게 행동하는 바보의 대명사가 되어 버린 것이다. 그래서 고문관이라고 하면 말귀를 알아듣지 못하고 딱지가 덜 떨어진 사람을 별칭하는 유행어가 된 것이다.

내가 그러한 고문관 취급을 가장 많이 받은 곳이 논산 훈련소다. 지금이야 학력이 너무 낮으면 입대를 하고 싶어도 못하지만, 내가 군에 갈 때에는 입대를 기피하는 사람이 많아, 백이 없고 학벌이 없는 친구들은 어김없이 징집되어 왔다. 그런 만큼 문맹자도 많아서 훈련소 안에서 별도로 6주 과정의 공민학교까지 운영했다. 문맹자는 다른 훈련병보다 6주간의 공민교육을 더 받고 한글을 깨우친 다음에야 군사훈련을 받을 수 있었던 것이다.

그 바람에 군대에서 글을 배워 집으로 군사 우편을 띄웠는데, "형수님 본지도 까맣다."고 하는 문장을 받침을 빠뜨리고 보내는 바람에 그 편지가 오해를 불러 일으켰다는 이야기가 우스갯소리로 회자되기도 했었다.

나와 함께 내무반을 쓰던 훈련병 중에 공민학교를 나온 강원도 친구가 있었다. 우리보다 군번이 빨라서 소대 고문관으로 대우를 했다. 착한 친구여서 궂은일은 혼자 다했기 때문에 오히려 우리는 그 친구를 더 좋아했다.

그런데 그 순진한 우리의 고문관은 세상 물정을 너무 몰랐다. 제식훈련 때 좌우 방향을 모르는 것은 그렇다 치고 총을 거꾸로 메고 불침번을 섰다. 하지만 우리 모두 고문관을 감싸서 별일 없이 훈련이 끝날 무렵이었다.

어느 날 점호 시간이었다. 사나운 중대장 김 중위가 주번 사관이었다.

"직속상관 관등성명?"

김 중위는 갑자기 지휘봉으로 고문관의 배를 사정없이 찔렀다. 너무 갑자기 일어난 일이라 우리는 모두 긴장했다. 순간 고문관이 아주 순진한 얼굴로 빙그레 웃더니 한쪽 다리를 꼬면서 말했다.

"지가 기면서……."

아무리 점호 시간이었지만 갑자기 터져 나오는 웃음을 참을 수가 없었다. 고문관의 답변 한마디 때문에 그날 밤 우리 소대

원들은 완전 무장한 채로 연병장을 스무 바퀴나 돌았다. 지친 우리 중 아무도 고문관을 비웃지는 않았지만 씁쓸한 마음은 어쩔 수가 없었다. 고문인 나도 주변에 웃음거리나 되지 않을지 다시 한 번 점검해 보아야 할 때인 것 같다.

사투리

나와 처음 인사를 하는 사람은 내 고향이 전라도라는 것을 단박에 알아챘다. 전라도 사투리가 배어버린 말투 때문이다. 솔직히 말해서 젊어서 한때는 '하와이' 라는 전라도 별칭이 듣기 싫었다. 해서 서울말을 한답다고 열심히 노력해 보기도 했지만 소용없는 일이었다. 그것은 복숭아가 사과 냄새를 풍기려고 하는 것처럼 미련스럽고 어리석은 짓이었다.

생긴 것부터가 촌스러운 나는 서울 말씨나 억양이 억센 경상도 말은 어울리지도 않는다. 조금은 어눌하고 맹하게 느껴지는 전라도 말씨가 제격이다. 지금이야 번잡한 서울에서는 못 살겠다고 변두리 도시를 부러워하는 사람들이 많지만, 한때 서울특별시는 누구나 선망하는 선택된 도시였다.

그때는 말투로 도시사람, 촌사람을 구분하기도 했다. 그 시절엔 사투리를 쓰는 촌사람으로 대우 받는 것을 왜 그리 창피하게 생각했는지 모른다.

석탄 기관차를 타고 밤새워 서울을 다녀와서는 서울역 근처에서 주워들은 몇 마디로 서울말을 한답시고, "고구마를 땅에서 캐니? 넝쿨에서 따는 거니?" 하는 식으로 너나없이 서울말을 흉내내려고까지 했으니 지금 생각하면 한심한 일이다.

시대상황이 그런데도 사투리를 사용하는 것을 겁내지 않는 사람이 있었다. 전쟁때 북에서 내려온 피난민들이었다.

"내래, 말이디 이북에서 피난 나올 때 고생 숱하게 했수다."

진짜 함경도 사투리가 맞는지 아닌지는 몰랐지만 배꼽이 빠질 듯 재미가 있었다. 통행금지가 있던 그 시절엔 남북 이데올로기가 첨예하게 대치되어 있는 상황이었기 때문에 그쪽 세상일이라면 무조건 궁금했다. 때문에 북쪽 말이 더 호기심을 자극했는지도 모른다.

갑식이는 성격도 낙천적이었지만 유난히도 유머감각이 뛰어난 친구였다. 제대하고 실업자 시절에 사귄 친구였다. 그때 우리는 돈만 있으면 막걸리를 먹기 위해서 세상에 태어난 것처럼 아침부터 저녁까지 마시고 다녔다. 그러나 실업자라 할 일도 없고, 시간은 많았지만 술값이 없었다. 취하게 마실 돈이 없으니 시간이 지루했다.

어느 날, 어디서 배웠는지 갑식이가 함경도 사투리로 우리를 웃기기 시작했다. 처음에는 별로라고 생각을 했는데 시간이 지나면서 눈물까지 찔끔대면서 웃음이 나왔다. 재미있어 따라하다 보니 어느새 우리들은 모였다 하면 완전히 함경도 사람들 모임이 되고 말았다. 그러다가 어느 날 생각지도 못한 일이 터지고 말았다.

"동무, 한잔 듭세."

술에 취한 갑식이가 낄낄댔다.

"동무? 좋지."

우리도 아무 생각 없이 술을 따라서 술잔을 높이 들었다. 한데 그 '동무'가 문제였다. 삼십 분쯤이나 되었을까? 대폿집 유리창이 와장창 부서졌다.

부서진 문안으로 카빈 소총을 든 경찰관들이 쏟아져 들어왔다. 처음에는 영문도 몰랐다. '동무'라는 소리를 듣고 대폿집 아주머니가 간첩 신고를 했던 것이다. 내용을 알고 두 다리를 사시나무 떨듯 흔들면서 용서를 빌었을 때는 이미 늦었다.

"와? 때리는 기야요?"

사태파악을 하지 못한 우리는 처음에는 억울하다고 제법 당당하게 맞섰다.

"너 이 새끼, 바른 대로 대. 언제 넘어왔어?"

형사는 사정없이 발길질을 해댔다. 경찰서로 끌려간 우리는 영락없는 간첩이 되어 죽도록 얻어맞았다.

다음날 신원조회에서 제대한 지 얼마 안 되는 실업자들로 판명되어 간신히 풀려났다. 밤새껏 우리를 두들겨 패던 형사가 조금은 미안했던지 누그러진 목소리로 나가라고 하면서 말조심하라고 당부했다. 그때만은 갑식이가 너무나 미웠지만 지금 생각하면 즐거웠던 추억이다.

어느 지방의 말을 사용하느냐에 따라 편이 갈라지고, 편견과 불신으로 반목하던 시절이 있었다. 정치가 사회를 지배하는 영향력이 클 때일수록 그 정도는 더욱 심했다.

그러나 언어는 그 지역의 특색을 가장 잘 반영하는 문화가 아닌가. 내 지역, 나아가 우리나라 각 지역마다의 특색에 맞게 형성되어가는 지방말, 즉 사투리야말로 우리들이 영원히 보전해야 할 문화유산이 아닐까 싶다.

획일적으로 통일된 표준어가 아닌, 각 지역의 냄새가 물씬 풍기는 다양한 언어야말로 우리의 정서적인 삶을 더욱 풍요롭게 만들 터, 남북통일이 되어 각 지방 사투리대회나 열어보면 재미있을 것이라는 생각을 새삼스럽게 해본다.

우편번호

친구에게 보낸 우편물이 되돌아왔다. 중요한 내용은 아니다. 전화로 연락해도 될 것이었지만 단지 예의를 갖추어야 할 초청장이었기에 우편으로 보냈던 것이다. 그런데 그 우편물이 막상 되돌아오고 보니 여간 짜증스러운 게 아니었다.

굳이 발품까지 팔아가면서 발송한 우편물은 반려되고, 그 내막을 모르는 상대편에서는 자신을 초청하지 않으려고 일부러 보내지 않은 것 아니냐고 오해를 하고 나섰기 때문이다.

혹시 주소가 잘못 적힌 것이 아닌가 꼼꼼히 확인해 보았지만 틀림이 없었다. 우표도 제자리에 붙어 있었고, 주소도 정확히 맞았다. 그런데 반송이라니, 아무래도 납득이 되질 않았다. 어떻든 반려 내용을 알아야겠기에 우체국으로 전화를 했다.

"주소가 정확한데 우편물이 반송되는 경우는 어떤 경우입니까?"

내 물음에 전화를 받던 여직원은 '수취인이 그곳에 살고 있으면 반송될 이유가 없다.'고 망설이지 않고 단호하게 대답했다. 쌀쌀맞은 그녀의 태도가 조금은 얄미워 혹시 배달과정에서 잘못될 수도 있는 거 아니냐고 볼멘소리로 재차 물었다.

그랬더니 그녀는 요즘에는 절대 그런 사고가 없으니 우편번호까지 다시 확인해보라고 하며 더 들어볼 필요도 없다는 듯 전화를 끊어 버리고 말았다.

우편번호? 그런 게 있었던가? 다시 봉투를 들고 쳐다보았다. 그녀의 말이 맞았다. 우편번호가 틀려 있었다. 앞 번호 가운데 숫자 7이 9로 기입되어 있었다. 579인데 599로 썼던 것이다.

원인을 찾고 나니 반송의 이유가 이해되었다. 하지만 뭔가 기분이 시원치 않았다. 까짓 주소도 아니고 우편번호, 그것도 숫자 하나 틀린 걸 갖고 우편물을 되돌려 보낸 처사가 몹시 못마땅했다. 반송에 앞서 한 번 정도만 살펴보았어도 그런 일은 없었을 텐데, 참으로 사람 사는 곳에 인정머리라고는 눈곱만큼도 없는 것 같아 속이 부글부글 끓었다.

아주 오래 전의 기억 떠올랐다. 군에서 제대를 하고 돌아왔을 때 나는 이상한 편지를 한 통을 받은 적이 있었다. 내가 머리를 갸웃거린 것은 발신자나 내용이 아니고 겉봉에 쓰인 수취인 주소 때문이었다. 강원도 화천에서 띄운 발신자가 누구인지 알 것 같고, 받아야 하는 내 이름도 정확했다.

한데 봉투 상단 우표 옆에 써진 내 주소는 간단하게도 '전북' 이라는 딱 두 자뿐이었다. 그러니까 전북 아무개 앞 그게 전부였다. 더 기가 막힌 것은 발신 날짜가 육 개월 전이라는 사실이었다. 어디를 어떻게 돌았는지 겉봉까지 너덜대는 것이 배달부 아저씨가 고생깨나 했을 성싶었다.

기다리던 편지도 아니었고, 떼먹고 달아난 외상값 갚으라는 부대 앞 가게 주인의 편지였으니 편지를 받은 나로서는 반가울 것도 없었다. 하지만 우편물을 수취인에게 전달하기 위해 하잘것없는 나를 찾으려고 이곳저곳을 헤맸을 배달부 아저씨를 생각하면 미안하기도 했고 고맙기도 했다.

그 일로 해서 나는 우스갯소리로 '전라북도에서는 이름만 대주어도 알아주는 사람' 이라고 허풍을 떨고 다니기도 했었다. 비록 강원도 외상값은 갚지 못한다 하더라도 우체부 아저씨를 만나면 꼭 막걸리 한 되쯤은 사서 대접해야겠다고 마음까지 먹었지만, 지금껏 나를 유명하게 만들어준 우체부 아저씨가 누구인지조차 알지 못한 채 세월이 훌쩍 지나 버리고 말았다.

숫자 하나로 세상이 바뀌는 세상이다. 단순히 숫자 하나라고 하면서 이러쿵저러쿵 할 것은 아니라는 것쯤은 알고 있다. 외려 자고 나면 휙휙 변하는 바쁜 세상에 이런 아날로그적인 생각에 빠져 짜증을 내고 있는 내가 한심하기도 하다.

그러나 아무리 세상이 그렇다고 하기로서니 직업인으로서

조금만 마음을 썼더라면 하는 아쉬운 생각이 여전히 내 머릿속을 맴도는 것은 아무래도 디지털 시대가 반갑지만은 않은 아날로그세대여서 그런지도 모르겠다.

물안개 속으로

빗소리에 잠이 깨어 창문을 열어 보았다. 상큼한 바람과 함께 비릿한 물 냄새가 왈칵 다가온다. 늦더위에 지쳐 있는 오늘은 빗소리가 마치 오래 기다리던 고향 친구처럼 반갑다.

시원한 빗소리를 들으니 잠이 올 것 같지 않다. 창틀에 턱을 고였다. 가로등 불빛 속으로 내려앉는 소낙비가 숫자를 헤아려도 될 만큼 환하게 보이는 것이 잘 만들어진 분수대처럼 아름답다. 멋진 야외 공연장에 홀로 앉아 있는 황홀한 기분이다.

우르릉 쾅! 번개가 지나간다. 어둠 속에 고요히 묻혀 있던 골목이 꿈속처럼 지나간다. 슬레이트 지붕이 위며 가로수 나뭇잎 위로 떨어지는 빗소리가 태고의 숲 속에서 들리는 듯 신선하다. 아니 잘 조화된 오케스트라 연주같이 들린다.

자연은 참으로 정교하고 아름다운 예술이다. 계절 따라 각기 다른 비다. 아니 똑같은 비라도 내리는 장소에 따라 각기 다른 뜻을 만들어 낸다. 소록소록 내리는 봄비가 그리움을 만들어준다면 스산하게 내리는 가을비는 슬픔을 만들어준다. 겨울비는 사람을 움츠러들게까지 한다.

오늘 밤 시원스럽게 쏟아지는 소나기는 어떤 화음도 흉내 낼 수 없는 자연 그대로의 황홀한 노랫소리로 내 가슴을 적셔준다.

시골에서 자란 나에게는 비에 대한 추억이 많다. 비는 언제나 내 옆에 있었다는 생각과 함께 참으로 고마운 자연이었다. 때문에 나는 비를 참 많이 맞았던 기억이 난다. 당신엔 그 흔한 우산도 없었으니 당연한 일이었다. 그때 비는 내게 곧 낭만이었다.

봄날 꽃봉오리가 터지고 이따금 이슬비가 술래처럼 다가와 볼을 간질거리면 기다리던 친구가 찾아온 것처럼 반가웠다.

더위에 지친 여름날 한 두름의 소나기 정도는 피하지도 않았다. 웃통까지 벗어 던지고 쫓아나가 온 들판을 쏘다녀도 감기는커녕 키가 한 뼘씩이나 쑥쑥 자라나는 듯 온몸에 힘이 잡혀왔다.

사춘기가 되면서 이유 없는 외로움과 슬픔이 밀려올 때쯤 나는 더 많은 비를 맞았다. 우산도 없이 속옷까지 흠뻑 젖어서 헤매고 나면 오히려 마음속까지 시원해지는 것 같았다.

물에 빠진 생쥐가 되어 집에 들어와도 나무람을 하는 사람이 없었다. 갈아입을 옷 따위는 걱정할 필요도 없었다. 흉볼 사람도 없고 부끄러울 것도 없었다. 맨몸으로 시원한 마룻바닥에 그냥 누워 버리면 스르르 졸음이 몰려왔다. 한여름 무더위쯤은 간 곳이 없어지고 마는 것이다.

철이 들 무렵 나는 칠흑처럼 어두운 밤에 잠을 자지 않고 새벽녘까지 온 밤을 하얗게 새우면서 빗속을 걸어다닌 적도 있었다. 세상 천지에 보이는 것 하나 없는 밤에 들리는 빗소리는 왜 그렇게 외롭게 느껴졌는지 모른다. 하지만 그 때마다 물안개 속으로 보이는 세상은 너무나 아름다웠다. 오래도록 내 마음속에 각인된 비의 기억이다.

가끔씩 번득이는 번개 속으로 보이는 오늘 밤의 풍경이 그날 밤처럼 아름답다. 하지만 어린 날처럼 벌떡 일어나 빗속으로 뛰어들 용기가 없다.

으스스 한기가 몰려온다. 그러고 보면 이제 내게 낭만이나 멋 따위는 사라져버린 것인가? 나이 탓일 것이다. 아니 빗속으로 뛰어든다고 내가 그리워해야 할 낭만이 남아 있지도 않을 것이며 세파에 찌든 내 삶의 답답한 마음이 풀릴 리도 없을 것이다.

물안개 속으로 밤을 하얗게 새우며 비를 맞던 그 밤이 진정 그립다.

암산의 천재

초등학교 4학년 때였을 것이다. 담임선생님이 아파서 한 달가량 결근을 하셨다. 아침에 출석을 부를 때 교장선생님이 대신 잠깐 들어오셨다 나가면 나머지 시간은 하루 종일 자습을 했다.

공부가 하기 싫었던 우리는 선생님의 안부는 관심도 없었고 오히려 공부하라는 잔소리가 없으니 마냥 즐겁기만 했다. 칠판의 분필 지우개를 서로 던지거나 옆 친구와 쿵쾅거리면서 뛰어다니다가 교실 유리창을 깨는 일이 다반사였다.

보다 못한 옆방 선생님들이 하루에 한두 시간씩 나누어서 들어오시기도 했지만 수업은 하지 않았다. 옛날이야기를 해 주는 것이 고작이었고 그것도 귀찮으면 회초리를 찰싹거리면서 우리에게 겁이나 주었다.

그렇다고 담임선생님도 아닌데 겁먹을 우리도 아니고, 하기 싫은 공부를 찾아서 할 우리도 아니었다. 얼씨구, 좋아라, 노트에 그림을 그리든지 낙서를 즐기는 장난 등으로 즐거움을 만끽하고 있었다.

어느 날 나이 든 교감선생님이 '땜빵' 으로 우리 교실에 들어오셨다. 그 날은 너무 따분했다. 시작종이 울리면 끝나는 시간까지 계속해서 암산을 해야 했기 때문이었다. 두 눈을 지그시 감고 책상 사이를 걸어다니면서 계속 숫자를 불러대는 것이었다.

"다섯 더하기 일곱 빼기 삼하고 더하기 십오 하면?" 어떤 때는 길게 또 다른 때는 짧게 불렀다. 나는 두 눈을 감고 계산하는 척하고 앉아 있었지만 사실은 딴생각을 하고 있었다. 그렇잖아도 산수라면 지겨운데 틀릴 것이 뻔한 암산을 골치 아프게 계산하고 싶지 않아서였다.

아이들은 번쩍 번쩍 손을 들고 잘도 맞혔다. 교장선생님은 맞았다. 하기도 하고, 틀렸다, 하기도 하면서 쉬지 않고 숫자를 불러 댔다. 자존심이 있지, 나만 한 문제도 못 맞추는 것 같아 창피했다. 하지만 안간힘을 써도 맞지 않을 것은 뻔했다.

에라, 모르겠다. 까짓 것 틀리면 대수냐. 그냥 손만 한번 들면 그만이다 싶었다. 이번에는 교감선생님이 마침 긴 숫자를 부르면서 빼기 더하기를 하고 있었다.

손을 번쩍 들었다. 선생님이 웬일이냐 싶은 얼굴로 나를 지

명했다. 자리에 벌떡 일어난 나는 대충 어림짐작한 숫자를 단호한 목소리로 대답했다. 맞을 리가 없는 답이었다. 한데 이상한 일이 생겼다.

"맞았다."

교감선생님이 환하게 웃으면서 큰소리로 외친 것이다. 이럴 수가 있는가? 지레짐작으로 대충 계산한 답이다. 그게 맞았다면 나는 암산의 천재다. 순간 말할 수 없는 기쁨이 온몸을 훑고 지나갔다.

그렇게 어렵고 힘들기만 하던 수학이 이렇게 대충해도 맞는 것이구나, 라고 생각한 나는 그 뒤 담임선생님 병이 나아서 돌아오셨을 때도 수학을 등한시하고 말았다.

내가 철이 들고 난 후에야 수학적 감각이 둔해진 것을 어렴풋이 짐작했다. 그때 암산하라고 하면서 숫자를 부르던 교감선생님은 답은 계산도 하지 않고 그냥 생각나는 대로 숫자를 불러댄 것이다. 시간을 때우고 우리들을 떠들지 못하게 하려고 자신도 모르는 답을 적절히 맞았다, 틀렸다 하면서 암산하라고 불러대고 있었던 것이 분명하다.

선생님이 답을 모른다는 것은 상상할 수도 없는 내가 하늘같은 교감선생님의 맞다는 말 한마디 때문에 평생을 숫자놀음에서 밀리고 살고 있는 것을 생각하면 어렸을 때 바른 교육의 영향이 얼마나 중요한지 알 듯싶다.

피아노 치던 소녀

어젯밤 술을 과하게 마신 탓인지 늦잠을 잤다. 나른한 몸을 움직이기 싫어 뭉그적거리는데 전화벨이 요란하게 울렸다. 밀쳐버리고 싶었지만 습관적으로 수화기를 집어 들었다.

K시 경찰서장으로 있는 친구였다. 얼마 전 K시로 발령을 받았다는 소식을 듣고도 아직까지 축하 인사를 못해 미안하게 생각하고 있는 터였다.

별 볼일도 없는 나를 친구라고 잊지 않고 챙겨주는 그의 마음 씀씀이가 고마웠다. 자기 관사에서 저녁이나 하자는 초청 전화였다. K시에 있는 경찰서장 관사라면? 나도 모르게 벌떡 일어났다. 순간적으로 아주 오래 전 기억이 떠올랐기 때문이다.

옛날 그대로일까? 갑자기 가슴 밑바닥으로부터 꿈결처럼 피아노 소리가 들리는가 싶더니 그리움이 안개처럼 피어올랐다.

높은 담벼락, 우아한 2층 기와집, 담장 안으로 종이비행기처럼 날던 하얀 목련 꽃잎…. 지금도 눈에 선한 그림 같은 정경이었다.

참 오래된 기억이다. 나는 K시에서 초등학교를 다녔다. 5학년 때였을 것이다. 선생님이 장래희망이 무엇이냐고 물었다. 그때 나는 망설이지 않고 경찰서장이라고 했다. 친구들이 웃고 선생님이 의아하게 생각했지만 내게는 분명한 이유가 있었다. 노란 금테 모자에 말채찍을 든 모습도 좋아 보였지만 멋진 관사에 살 수 있는 서장이 너무 부러웠다. 읍내에서 제일 크고 좋은 집이 서장 관사였기 때문이었다.

K시는 주로 농사짓는 마을이어서 읍내라고 해보았자 초가집들이 몇 채 옹기종기 모여 있는 정도였다. 그런 가운데 성곽처럼 2층집으로 우뚝 서 있는 서장 관사는 단연 눈에 띄었다. 그에 걸맞게 담장도 높았다. 발돋움하고 넘겨보면 숲처럼 우거진 나무들 속에 자리 잡고 앉은 기와지붕은 동화나라 속의 궁전처럼 아름다웠다.

중학교를 들어간 해 봄이었다. 관사 밖을 서성거리는 내 앞으로 하얀 목련 꽃잎이 종이비행기처럼 날아왔다. 주우려고 허리를 굽히던 나는 나도 모르게 몸이 얼어붙어 그대로 정지하고 말았다. 관사 안에서 은은하게 흘러나오는 피아노 소리 때문이었다.

나도 알고 있는 〈고향의 봄〉이라는 곡이었다. 직접 치는 피아노 소리를 듣는 것은 처음이었다. 피아노 소리에 취한 나는 그 날 해가 저물 때까지 관사 앞을 방황했다. 그리고 다음날도 마치 넋을 빼앗긴 사람처럼 관사 앞을 어정대면서 어쩌면 선녀 같을, 피아노 치는 소녀를 한 번 보고 싶어했다. 하지만 그 아름다운 배회는 오래가지 못했다.

서장 관사를 매일 기웃거리는 것이 이상했던지 하루는 어른 하나가 나와서 내 귀때기를 잡았다. 좀도둑으로 몰린 것이다. 아프다는 생각을 할 겨를도 없이 잡힌 귀때기의 손을 뿌리치고 필사적으로 도망쳤다. 피아노를 치는 소녀에게 내 초라한 모습을 보일 수가 없다는 자존심 때문이었다.

소녀의 얼굴은 단 한 번도 보지 못한 채 우리는 얼마 후 D시로 이사를 오고 말았다. 그런 일이 있은 이후 내 장래희망이 바뀌었다. 하지만 봄이 오면 어김없이 그곳 관사에서 종이비행기처럼 날으던 목련 꽃잎이며 아련하게 심연으로부터 들려오는 피아노 소리가 그리웠다.

이제 나이를 먹어 그 아름다웠던 이야기들이 모두 잊혀지고 있는데 오늘 친구의 전화로 아련한 그리움을 다시 찾은 것이다. 지금도 서장 관사에는 목련 꽃잎이 휘날리고 있을까? 비록 옛모습 그대로 남아 있다 한들 피아노 치는 소녀가 그곳에 살고 있지 않을 그 관사가 내게 무슨 의미가 있을까? 나는 애써 마음을 가라앉히면서 K시를 향해 차를 몰았다.

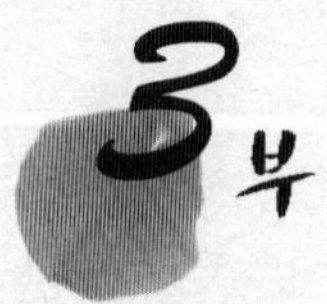
3부

결벽증

초등학교 2학년 때 담임선생님이었던 여자 선생님은 아주 예뻤다. 얼굴만 예쁜 것이 아니라 손이 동화책에 나오는 공주처럼 희고 매끄러웠다. 그 고운 손으로 칠판에 글씨를 쓰고 있을 때면 손을 보느라고 글씨엔 관심도 없었다. 어쩌다 그 예쁜 손으로 머리라도 쓰다듬어주는 날에는 구름 위로 몸이 붕 하고 떠오르는 것처럼 황홀했다.

그런데 그 아름다운 선생님이 원수같이 느껴진 날이 있었다. 월요일에 실시하는 용의검사에서 손등의 때 검사를 했기 때문이다. 친구들도 손등에 때가 끼어 있었는데 선생님은 유독 나를 지목해서 회초리를 들어 올렸다. 나는 죽을 맛이었다.

찰싹!

아파서 손바닥을 비비는 나를 보고 선생님은 말했다. "까마

귀가 친구하자고 하겠다. 제발 손톱이라도 깎아라." 회초리로 맞을 때의 아픔보다 창피한 마음이 더 앞섰다. 그때만은 쥐구멍이 어디냐고 들어가고 싶은 심정이었다. 집에 와서 손등에 피가 나올 때까지 차가운 우물물에 손을 담그고 문질러 보지만 때는 쉽게 벗겨지지 않고 피부만 벌겋게 갈라졌다.

손톱이라도 깎아볼 요량으로 큰 가위를 찾았으나 손톱이 깎이기는커녕 힘만 들었다. 어머니의 바느질에 무디어진 가윗날에 손톱이 잘려질 리 없기 때문이었다. 그래도 왼쪽을 잘라 낼 때는 그런대로 깎였는데 왼손으로 오른 손톱을 자르려면 곡마단의 외줄타기처럼 어렵기만 했다.

어찌어찌 잘라내고 나면 다음이 더 큰 문제였다. 둔한 가윗날에 뭉텅 잘려나가고 남은 손톱이 더욱 보기 싫었다. 반듯하게 하려고 다듬잇돌 모서리에 갈아보았지만 흉하기는 마찬가지였다.

당시에 세련되지 않은 용모가 어디 손톱 하나뿐이었을까마는, 그때 이후로 손톱 손질에 유난히 집착했던 것은 무슨 이유에선지 지금도 납득이 되질 않는다. 하여튼 나는 철이 들어 손등의 때가 사라졌을 때에도 그 손톱 손질하는 버릇이 남아 있어 하루에도 몇 번씩 손을 씻는 버릇이 있었다. 그런 나를 보고 사람들은 결벽증이라고 했다.

사춘기를 넘어설 무렵 사귀던 여학생이 있었다. 몇 번 만나는 동안 나는 그녀에게 푹 빠져들었다. 그때 내 눈에는 그녀가 무지개 위를 걷고 있는 선녀같이 아름답게만 보였다. 그녀를 만나면 가슴이 두근거리는 건 그만두고라도 어디에 눈을 고정시켜야 할지 몰라 당황하곤 했다.

어느 날 문득 그녀의 손을 보았다. 희고 고운 손이었다. 하지만 나도 모르게 순간 고개를 돌려버리고 말았다. 그녀의 손톱 끝에 까만 때가 끼어 있었기 때문이다.

가슴이 두방망이질을 하더니 그렇게 아름답게 보이던 그녀가 갑자기 불결하게까지 보였다. 될 수 있는 대로 그녀의 손을 쳐다보지 않으려고 노력했다. 하지만 모두 허사였다. 눈에서 맑은 물이 똑똑 떨어질 것 같은 그녀의 얼굴을 보고 있어도 머릿속에는 때가 낀 그녀의 손이 떠오르는 것이었다.

나도 모르게 그녀를 피하기 시작했다. 그녀는 멀어져 가는 내게 이유를 물었지만 나는 사실대로 말할 수가 없어서 안타까웠다. 나 스스로에게도 내 하는 짓이 어리석지 않느냐고 자문을 하면서 손톱의 때가 무슨 대수냐고 머리를 흔들어보았지만 못 말리는 내 결벽증은 점점 더 그녀에게서 멀리 나를 떼어놓고 말았다.

그녀를 다시 만난다 해도 그 이야기만은 지금도 해 줄 수 없을 것 같다. 내가 말도 안 되는 못난이 웃음거리가 될 것 같아서이다.

이제 회초리로 손을 때릴 선생님도 아니 계시고, 가슴 설레게 했던 천사 같은 소녀도 없는데, 내가 또 무엇에 홀린 듯 손톱 손질을 하고 있는 것은 어리석게도 털어 버리지 못하는 결벽증 때문인 것 같다.

불효

아버지가 돌아가신 지 삼십오 년째 되는 기일忌日이다. 바로 엊그제 일 같은데 세월이 참 빠르게 지나갔다. 둘째, 셋째는 초저녁부터 와 있고 막내동생만 아직 오지 않았다. 기일을 잊지나 않았는지 걱정이 된다. 여동생들은 오지 않을 모양이다.

지방을 쓰려고 서재로 내려왔다. 습관처럼 아버지가 남겨 준 나무상자를 열었다. 먼 기억 속의 얼굴처럼 빛바랜 아버지의 서책이 나온다. 유일한 유품이다.

나는 이 서책을 선대 제삿날에만 꺼내 본다. 선대의 기일이 기록되어 있고 그 옆에 구분해서 지방 쓰는 서식이 적혀 있다. 나는 또 얼굴이 붉어진다. 자식의 어리석음을 얼마나 걱정하셨으면 생전에 지방까지 써놓으셨을까?

유학자이셨던 아버지는 형을 장남으로 가문을 이어가게 가르치셨다. 한데 착하고 효자인 형이 뜻을 따르지 못하고 요절을 하고 말았다. 하루아침에 차남인 내가 장남으로 승격이 된 것이다. 하지만 형을 믿고 천방지축으로 뛰어놀기만 한 나는 문중의 종손 그릇이 되지 못했다. 아버지는 늦게라도 법도를 가르치려고 했지만 나는 귓가로 흘려보내고 말았다.

살기 바쁘다고 나 몰라라 덤벙대고 있는 동안, 아버지가 돌아가셨다. 기가 막혔다. 배운 것이 없어 굴건屈巾을 거꾸로 쓰고 상주 노릇을 하는 불효를 저지르고 말았다. 참으로 어이없는 일이었지만 이 바쁜 세상에 복잡한 예법까지 따질 게 무어냐고 혼자서 자위를 할 수밖에 없었다.

그리고 일 년 후 탈상을 끝내고 아버지 유품을 정리하다가 이 노트를 발견한 것이다. 고조부터 증조, 조부, 그리고 당신의 지방까지 기일과 함께 제상 차리는 법을 자세히도 기록해 놓으셨다. 무심히 펼쳐보던 나는 콧마루가 시큰해지고 말았다. 못난 자식을 믿지 못해서 생전에 기록을 해 놓으면서 얼마나 가슴이 아팠을까 하는 때늦은 후회 때문이었다.

그 날 이후 나는 할 수만 있다면 아버지의 유지를 받들어 유교 예법으로 정성을 다해서 조상의 제사상을 차려보려고 애를 썼다. 하지만 기본적인 홍동백서紅東白西조차 잘 가리지 못해 번번이 실수를 하니 나머지를 말해 무엇하겠는가.

오늘만이라도 예법에 맞추어 보자고 붓펜을 꺼내 아버지가 써 놓은 '顯考學生府君神位' 를 백지 위에 옮겨 썼다.

후두둑.

열린 창문으로 빗방울이 달려들었다. 이 집으로 이사 온 지 벌써 삼십 년. 그러니까 아버지가 돌아가신 다음해였다. 아버지가 돌아가신 날에도 오늘처럼 소나기가 내렸다. 문득 이 빗속에 아버지 영혼이 제상을 받으러 오실 수 있을까, 하늘을 쳐다보던 나는 갑자기 가슴이 둥둥 뛰기 시작했다.

혹여 아버지 영혼이 옛집 앞에서 서성거리고 계시는 것은 아닐까? 마음이 조급해진 나는 서둘러 우산을 꺼내들고 어둠 속으로 뛰어나갔다. 집사람이 이 밤중에 어디를 가느냐고 했지만 대답할 말이 없었다.

이사 온 첫해 제삿날에 모셔 와야 했다. 내가 이십 년 전에 왜 그 생각을 하지 못하고 지금에야 겨우 느끼게 된 것일까? 몹시 후회가 되었다. 울고 싶은 심정으로 옛집으로 달려갔지만 지금은 다른 사람이 살고 있는 집 대문을 두드릴 수가 없어서 근처에서 우산을 펴들고 서성거리다가 집으로 돌아올 수밖에 없었다.

'아버지, 죄송합니다. 이 미련한 망나니 자식의 불효를 용서하시고 저와 함께 이사한 집으로 가시지요.'

아버지 영혼 위에 우산을 펴들고 조심히 길 안내를 하면서 나는 거듭 중얼거렸다. 자꾸 자꾸 목이 메어 왔다.

그녀에게 장미를

눈이 내린다. 기분이 매우 좋다. 내가 살고 있는 군산은 바람이 많은 항구도시라 눈을 구경하기 어렵다. 어쩌다 진눈깨비라도 내릴 때는 을씨년스럽고 삭막한 느낌마저 든다. 그런데 오늘 내리는 눈은 첫눈인데다 함박눈이어서 마음이 더욱 설렌다.

창밖을 물끄러미 바라보고 있는데 첫눈이 내려서인지 갑자기 거리에 인파가 늘어났다. 나도 괜히 좀이 쑤시고 마음이 들떠서 책상을 정리하고 일찍 거리로 나갔다.

제법 눈발이 굵다. 하늘에서 쏟아지는 눈송이가 꽃잎처럼 나풀거리면서 어깨며 머리 위로 내려앉는다. 오늘만큼은 대기오염 운운하며 이 눈을 피하고 싶지 않다. 온 세상이 하얗다. 언제나 거리가 오늘처럼 아름다웠으면 좋겠다.

어릴 적 고향 마을이 생각난다. 초가지붕이며 뒷동산 소나무

가지까지 소담하게 올라앉아 있던 눈덩이가 춥기는커녕 오히려 포근함을 주었던 것 같은 기억이 아직도 남아 있다. 마치 어릴 때처럼 오늘도 딱 그런 느낌이 들었다.

길을 걷는데 나도 모르게 발걸음이 멈추어진다. 눈이 내리는 길옆 화원의 유리창 속으로 예쁜 꽃이 보였기 때문이다. 하얀 눈송이 너머로 보이는 활짝 핀 빨간 장미가 너무나 뇌쇄적이었다.

한겨울에도 꽃이 핀다는 것을 잊고 살았다. 그러고 보니 누군가에게 꽃을 선물한 기억도 가물가물하다. 그러니 한겨울에도 꽃이 피는지, 나비가 나는지 관심조차 없었던 것이다. 오늘의 이 느낌을 새삼스럽게 누군가에게 알려주고 싶어졌다.

그녀에게 장미꽃을 선물하면 어떤 표정일까? 갑자기 집안에서 첫눈을 보지도 못하고 있을 아내가 생각났다. 생각해 보니 그녀의 생일에 한 번도 꽃을 선물한 적이 없는 것 같다.

주춤주춤 화원 안으로 들어섰다. 막 피어난 다양한 꽃봉오리들이 나를 반겨준다. 노란 국화도 예쁘고 흰 들장미는 청순하다. 파란 튤립을 만지다가 빨간 장미 한 송이를 뽑았다. 그녀의 나이만큼 숫자를 헤아려 뽑아들려다 생각하니 꽃다발이 너무 커질 것 같아 망설여진다.

장미를 내려놓고 하얀 들국화를 꺼내들었다. 흰 눈밭에 흰 꽃이 어울리지 않는 것 같다. 망설이는 내 앞으로 화원의 주인 여자가 다가와 생일선물할 거냐고 물었다. 눈이 와서 그냥 꽃을 사고 싶다고 싱겁게 대답했더니 그녀가 웃으며 꽃다발을 만들기 시작했다.

안개꽃에 흰 들장미와 함께 빨간 장미, 그리고 파란 튤립을 적당히 조합한 후 가운데에 작은 해바라기도 한 송이 넣었다. 나는 그녀가 하는 대로 보고 서 있었다. 제법 어울리는 근사한 꽃다발이 묶어졌다.

꽃다발을 받아 들고 다시 눈 오는 거리로 나왔다. 빨간 장미 위로 떨어져 내리는 함박눈의 조화가 너무 멋졌다. 아주 오래 전에 그녀와 함께 함박눈을 맞으며 밤거리를 걷던 생각이 난다. 그때는 우리도 꽃처럼 아름다웠었는데…….

하지만 오늘은 아니다. 길가의 젊은이들이 나이에 어울리지 않게 꽃다발을 들고 가는 나를 힐끔거렸다. 등 뒤로 꽃다발을 감추고 걸었다. 흰머리 위에 하얀 눈이 덮여 나이를 감추어 주는데도 발길이 꼬인다.

그녀를 위해서라면 나이가 무슨 소용인가? 지나가는 택시를 세웠다.

"꽃이 예쁘네요."

젊은 택시기사의 인사말이 고마웠다 어색함을 메우려고 꽃만 예쁘냐면서 창문까지 열고 흰눈을 보여주었는데도, "선생님도 멋지네요." 한다.

아마도 운전하는 기사는 펑펑 쏟아지는 눈이 아름답다는 생각보다 시야가 가려져 귀찮기만 한 모양이다.

"웬 꽃이세요?"

대문을 열어주는 그녀가 의아한 표정이다.

"당신 주려고."

어색하게 내미는 내 손을 보면서 별꼴 다 보겠다는 퉁명스런 목소리와는 달리 그녀의 얼굴엔 홍조가 인다. 그도 그럴 것이 결혼하고 평생 처음으로 받아 보는 꽃 선물이기 때문일 것이다.

내가 오늘 그녀에게 안개꽃에 묻힌 장미꽃 다발을 선물한 것은 순전히 첫눈이 함박눈이었기 때문이다. 하지만 그녀의 환한 얼굴을 보면서 돌아오는 다음 생일에는 함박눈이 아니어도 나이만큼 큰 장미다발을 선물하리라 마음속으로 결심해 본다.

때늦은 후회

한밤중 요란스럽게 대문을 흔드는 소리에 잠이 깼다. 어젯밤 뒤척이다가 늦게 잠이 들었는데 선잠을 깨고 보니 짜증이 났다. 무거운 눈을 비비면서 나갔더니 아들녀석이다. 술이 제법 취해 있다.

어떤 이유로 술을 마셨든 그건 그렇다 치더라도, 밤늦게 들어오려면 미안한 마음으로 조심스럽게나 들어올 일이지, 제깟 놈이 무슨 벼슬을 했다고 요란스럽게 벨까지 눌러서 제 아비의 잠을 깨우는지, 짜증이 겹쳐 오면서 화가 모락모락 일어났다.

"군대에 간 친구가 휴가를 왔거든요." 녀석이 내 언짢은 표정을 보면서 제 딴에는 어색한 몸짓으로 멋쩍게 뒷머리를 긁적거린다. 내가 애써 감정을 감추려 해도 표정이 굳어지고 있는 모양이다. "부전자전인데 누구를 탓하겠어요." 등 뒤에서 비웃

듯 중얼거리는 집사람이 더 얄미웠다.

녀석을 올려 보내고 다시 잠자리에 누웠지만 잠은 천리나 달아났다. 사실 집사람 말이 맞다. 녀석에게 일찍부터 술을 가르친 건 나다. 엉금엉금 기어 다닐 때부터 무릎에 앉히고 녀석에게 술을 먹였으니…. 어린 아이에게 무슨 술이냐고 집사람이 야단을 쳤을 때 나는 오히려 낄낄거렸다. 녀석이 진저리치는 것이 너무 귀여워서였다. "술은 어른에게 배워야 하는 거야." 핑계까지 제법 근사했다.

술기운이 벌겋게 올라올 때 자식을 앞에 앉히고 훈계랍시고 만만한 잔소리를 늘어놓는 재미는 경험해보지 않은 사람은 모른다. 덕분에 녀석이 철이 들 때쯤에는 제법 술을 마실 줄 알게 되었다. 뿐만 아니다. 아버지와 사나이로서 대화를 할 수 있다고 오히려 제 쪽에서 먼저 내 술자리에 끼어들려고까지 했다.

그러던 녀석이 대학을 들어가고 나서는 슬금슬금 눈치를 보면서 달아나더니 요즘은 아예 내 앞에 얼씬도 하지 않았다. 따지고 보면 녀석이 나를 배신한 것이다. 굳이 부자지간이라는 거창한 촌수를 들먹이지 않는다고 해도 녀석은 어려서부터 내 편이었다. 한데 요즈음 내게서 멀어져버린 것이다. 술친구마저 구하기가 쉽지 않은 요즈음, 녀석까지 세대차이가 난다는 이유로 달아나 버리니 왜 아니 화가 나겠는가.

열어놓은 창문으로 우수수 낙엽 떨어지는 소리가 들린다. 어느새 가을이 다 가고 있는 모양이다. 하얗게 쏟아져 들어오는 달빛에 가뜩이나 마음이 심란한데 귀뚜리란 놈까지 극성스럽게 울어댄다. 이리저리 뒤척이다가 버릇처럼 술병을 찾아들었다.

혼자 마시기가 청승맞은 것 같아 녀석을 깨워 볼까 생각해 보았지만 녀석은 새벽에 또 제 일터로 나가야 한다. 이래저래 아쉬운 마음으로 한잔을 마셔보지만 술맛이 날 리가 없다.

문득 아버지 생각이 떠오른다. 그분은 애주가셨다. 장에 다녀오는 날이면 얼큰하게 취한 모습으로 두루마기 소매 속에서 엿 봉지를 꺼내 우리 앞에 슬그머니 내놓시던 기억이 새롭다. 말년에 위장병으로 고생하실 때에는 나는 효도를 한답시고 아버지 옆에 있는 술병을 치우곤 했다. 그때마다 아버지는 쓸쓸한 표정으로 아쉬워하셨다.

지금 생각해보니 큰 불효를 한 듯싶다. 한잔 술조차 마실 수 없게 술병을 치웠을 때 아버지의 마음은 오늘 밤 내가 아들녀석에게 느끼고 있는 심정 따위와는 비교도 되지 않을 정도로 아쉬움이 컸을 것이다.

아들녀석이 철이 들어 내 마음을 알 수 있을 때쯤에는 나 또한 이 세상에 없을 것이다. 그때 비로소 후회하고 저 또한 지금의 나처럼 아버지에게 불효한 후회로 가슴이 아플 거라는 억하심정으로 깊어 가는 가을밤의 외로움을 달래 본다.

아드린느를 위한 발라드

분위기가 좋은 레스토랑에서 저녁을 먹었다. 음식 맛도 좋았지만 생음악으로 연주되는 피아노 선율에 신이 났다. 내가 알고 있는 〈아드린느를 위한 발라드〉였기 때문이다.

포도주 잔을 입으로 가져가면서 피아노 선율을 따라 흥얼거렸다. "선생님, 음악에도 조예가 깊으시네요." 동석한 여인이 반색을 했다. 나는 얼굴이 간지러워 슬그머니 일행들 모르게 혼자서 웃었다. 사실 나는 음악에 대해서는 문외한이다. 우리나라 가요 한 곡도 제대로 부를 줄 모르는 주제에, 가사도 모르는 외국 음악을 무슨 재주로 알 수 있단 말인가? 그러다보니 평소 내가 존경하는 사람은, 클래식 음악이 흘러나오면 제목은 물론 작곡자까지 줄줄 외우는 사람들이다. 몇 번이고 음악 잡지도 뒤적여 보고, 시디를 구입하여 열심히 듣기도 하였지만 선천적으로 음감이 둔한 나로서는 역부족이었다.

딸아이가 중학교 1학년 때쯤 일이니 꽤나 오래된 이야기다. 딸아이는 혼자서 피아노를 곧잘 쳤다. 하루는 옆에서 대견해하는 나에게 딸아이가 악보를 하나 사다 달라고 했다. 음악을 함께할 수 있다는 것만으로도 얼마나 기쁜 일인가. 잃어 버릴까봐 악보 이름을 손바닥에 적어 놓고 서둘러 악기점으로 달려갔다. 하지만 악기라면 몰라도 악보는 도시 알 수가 없었다. 여기저기 기웃거려 보아도 찾을 수가 없었다.

뭘 찾느냐는 주인의 물음에, 나는 제법 폼을 잡고 악보를 찾는다고 말했더니 서점에 가야 한다는 대답이었다. 악기점에서 나와 서점으로 간 나는 졸고 있는 서점의 여주인에게 악보 코너를 물었다.

"무슨 곡인가요?"

"아들을 위한 발라드."

나는 목소리까지 밑바닥에 깔고 무게 있게 말했다.

"무슨 발라드요?",

"아, 그, 아들을 위한 발라드 있잖아요?"

그녀가 미처 듣지 못한 것 같아서 가슴을 펴고 일부러 서점 안에 다 들리도록 큰 소리로 말했다.

"그런 곡은 없는데요."

그녀가 고개를 갸웃거렸다. 시골 작은 서점이라 유명한 곡은 없는 모양이다. 실망하여 나오려는 내 등 뒤에 대고 그녀가 그런 악보 제목은 애초에 없다는 것이다. 문득 생각해 보니 내가 착각할 수도 있었을 것 같다. 손바닥을 펴 보았다. 지워지고 잉크 흔적만 남아 있다. 아내를 위한 발라드였던가? 혼자 중얼거렸다.

호호호.

갑자기 그녀가 입을 가리고 웃었다. 비웃는 것 같아서 얼굴이 화끈거렸다. 다시 손바닥을 쳐다보면서 기억을 더듬어 보았지만 다른 이름의 악보 이름은 생각조차 나지 않았다.

"아드린느를 찾아요?"

그녀가 알듯 모를 듯한 옅은 미소를 띠고 나를 쳐다보았다. 순간 얼굴에 모닥불이 쏟아지는 것같이 확 달아오르면서, '아 외국 곡이었구나.' 하는 느낌이 왔다.

그 순간 왜 권투선수 '록키' 가 생각났는지 모른다. 챔피언을 먹는 마지막 라운드에서 맞아서 엉망이 된 얼굴로 불러대던 이름이 앤드레인이었던가? 나는 권투는 알아도 음악은 문외한이었던 것이다.

그녀가 건네주는 악보를 들고 나오면서 나는 멋쩍게 뒷머리를 긁적일 수밖에 없었다. 그날 밤 나는 딸아이에게 서점에서 당한 망신을 이야기할 수가 없었다.

내용을 모르는 딸아이는 지금도 내가 제법 음악을 잘 이해하는 사람으로 알고 집에 오면 음악 이야기를 한다. 덕분에 오늘밤도 나는 아드린느를 위한 발라드까지 알고 있는 멋진 신사가 되어 주위사람들의 선망의 눈초리를 받고 있는 것이다. 고개를 돌리고 쓴웃음을 지었다.

상쾌한 일요일

동네 한복판에 목욕탕을 짓는다고 벽돌을 쏟아 부어 길을 막았을 때만 해도 나는 불편한 것을 떠나서 참으로 이해를 할 수가 없었다. 평소 목욕탕보다는 집에서 간단하게 샤워나 하는 나로서는 무슨 수지가 맞는다고 저렇게 거창하게 대중탕을 만들고 있는가 하는 걱정 아닌 걱정 때문이었다.

한데 목욕탕이 개업하자 내가 제일 먼저 단골손님이 되어 버렸다. 순전히 개업인사 때문이었다. 이웃이 영업개시를 하는데 모른 체할 수가 없었다. 처음에는 화분이나 하나 사서 보낼까 하다가 목욕탕에 화분이 어울릴 것 같지 않아서 그냥 버리는 셈치고 한 달 치 목욕비를 선불로 계산했던 것이 화근이었다.

그도 그럴 것이 나는 거의 매일 늦잠을 잘 정도로 게으르다. 그로 인해 집사람에게 눈칫밥을 얻어먹고 있는 형편인데, 자발

적으로 내가 일찍 일어나 목욕탕엘 간다는 것은 어불성설인 것이다.

그런데 바지를 세탁하려다 목욕탕 티켓을 발견한 집사람이 돈이 아깝지도 않느냐며 성화를 부렸다. 등을 떠밀려 눈곱을 떼며 목욕탕으로 쫓겨 가는 처음엔 정말이지 죽을 맛이었다.

첫날은 겨우 세수만 하고 돌아왔다. 이튿날은 칫솔질에 간신히 수염만 깎고 나왔다. 조금씩 적응이 되는 것 같기도 했지만 귀찮은 것은 여전했다. 그러던 차에 마침 목욕탕이 쉬는 날이어서 얼마나 다행이냐 싶어 늘어지게 늦잠까지 자고 출근을 했다.

그런데 이상했다. 다른 날보다 몸이 무겁고 안개 낀 기분처럼 몸이 찌뿌드드했다. 생각해 보니 아침 목욕을 거른 탓 같았다. 어느새 목욕 중독증이 된 모양이다. 절간 스님이 고기 맛을 보면 벽에 빈대가 어찌된다고 했던가? 내가 비로소 목욕의 맛을 알게 된 것이다.

그런다는 것을 스스로 확인한 다음날부터는 아예 온탕에 앉아 콧노래까지 흥얼대며 느긋하게 땀까지 낼 정도로 여유있게 목욕을 즐기기 시작했다. 뿐만 아니다. 매일 만나는 사람들하고 서로 반갑게 아침 인사를 하다 보니 목욕 후엔 해장술까지 한잔씩 하는 즐거움도 생겼다. 시간이 지나면서 이제는 아침 목욕을 하지 않고 나가면 일이 손에 잡히지 않는 지경까지 되고 말았다.

그런데 이런 경우도 호사다마라고 할 수 있을까? 엉뚱한 데에서 기분이 상하는 일이 발생했다. 매일 목욕하러 오는 사람 중에 젊은 친구가 하나 있었다. 그 녀석도 중독자가 되었는지 내가 나가는 시간이면 어김없이 나왔다. 한데 이 빌어먹을 친구가 몇 번을 만나서 구면이 되었는데도 인사를 하지 않는 것이다.

젊은 녀석에게 내가 먼저 인사를 할 수도 없고…. 시간이 지나면서 녀석의 행동이 이만저만 신경이 쓰이는 게 아니었다. 그동안 아침마다 상쾌했던 기분이 녀석 때문에 엉망이 되었다. 한번 따끔하게 혼을 내줄까 생각도 했지만 불량기까지 보이는 녀석에게 망신이나 당하지 않을까 싶어 참으려니 속이 더 뒤집혔다.

일요일도 어김없이 마주쳤다. 될 수 있는 대로 고개를 돌리고 녀석과 눈이 마주치지 않으려고 노력했다. 기분이 나빠 탁, 가래침을 뱉다가 나는 갑자기 등이 오싹하는 소름을 느꼈다.

녀석이 언제 왔는지 수건에 비누칠을 잔뜩 해 가지고 달려들더니 느닷없이 내 등을 북북 문지르고 있는 것이다. 어처구니가 없었지만 어쩔 수 없어 그저 녀석이 하는 대로 등을 맡기고 웅크린 채 쪼그리고 앉아 있었다. 녀석은 그 억센 팔로 내 옆구리까지 정성스럽게 문질러 댔다. 간지러워 웃음이 터지려고 하는 것을 간신히 참느라고 진땀을 뺐다.

"선생님, 죄송해요. 아침마다 뵙는데 인사도 못 드렸어요.

표정이 항상 근엄하시어 선뜻 인사가 나오지 않았거든요."

녀석의 말을 듣는 순간 나는 얼굴에 모닥불이 쏟아진 것처럼 확 달아올랐다. 째려보는 내 눈길을 근엄하다고까지 표현해 주는 젊은이의 널따란 등판이 그렇게 커 보일 수가 없기 때문이었다. 참으로 상쾌한 일요일 아침이었다.

이 없으면 잇몸

내가 지나다니는 골목에 간판도 없는 철물점이 하나 있다. 서너 평도 채 안 되는 작은 점포다. 값나가는 물건은커녕 잡동사니 몇 개만 대롱거린다. 키도 작고 깡말라서 볼품없는 주인 영감은 그래도 방탄유리처럼 두꺼운 안경을 쓰고 앉아서 태평이다.

조는 것같이 앉아 있는 영감은 발소리만 듣고도 나를 알아본다. 사실은 지난겨울까지만 해도 영감과 나는 서로 인사를 하지 않았다. 내가 이 골목으로 이사를 온 것이 이십 년 전인데 그때도 있었던 가게였으니 영감과 나는 친해져도 벌써 친해졌어야 했다.

한데 서로 소 닭 보듯 했던 것은 순전히 내가 영감을 이해하지 못한 탓이었다. 물론 영감이 나보다 나이도 위이고 해서 당연히 내가 먼저 인사를 했다. 한데 그것이 번번이 묵살 당했다. 한두 번도 아니고 내가 목례를 할 때마다 무시를 당하다 보니 나도 화가 났다. 급기야 필요한 물건이 있어도 먼 쪽에 있는 다른 가게를 찾아 나섰다.

그것이 순전히 내 오해라는 것을 알게 된 것은 지난겨울 첫눈이 내리는 날이었다. 마침 함박눈이어서 나는 낮부터 한잔 술에 취하고 말았다. 들뜬 기분으로 철물점 앞을 지나다가 영감의 우스꽝스러운 모습을 보았다. 만주 독립군들이나 입었음 직한 너절하고 빛바랜 국방색 코트를 걸치고 심각한 얼굴로 의자에 앉아서 하늘을 보고 있었다. 더 웃기는 것은 안경 위에 눈이 수북하게 쌓여서 아무것도 볼 수가 없는데도 고개를 쳐들고 열심히 쏟아지는 눈을 보고 있는 것이다.

불콰하게 취한 내가 그냥 지나치기에는 너무나 낭만적인 정경이었다. 장난기로 해서는 영감이 앉아 있는 의자라도 빼는 척하고 싶었지만 청승맞은 영감이 보기 싫어 그냥 지나치려 했다.

"당신은 누구여?" 영감이 먼저 말을 걸었다.

"이십 년이나 이 앞을 지나다녔는데 모른다고 할 겁니까?"

"나는 말이야, 코앞까지 얼굴을 대주어야 알아볼 수 있어."

고개를 돌리지도 않고 말했다.

"앞 건물에 사는 사람입니다."

갑자기 가슴이 찡해져서 말이 더듬거려졌다.

"라 사장이구먼. 성함은 들어서 알고 있는데 얼굴을 몰라."

나는 미안한 마음에 영감님 앞으로 얼굴을 가까이하면서 보이지도 않는데 무얼 하느냐고 물어 보았다.

이마 위로 떨어지는 눈송이를 헤아려보고 있다고 했다. 비록 터무니없는 거짓말이라고 해도 행복하게 보이는 영감을 방해하고 싶지 않아서 발길을 돌렸지만 다음날부터 영감과 나 사이는 갑자기 가까워지기 시작했다. 영감은 내 발소리만 들어도 반갑게 손을 들어주었고 나는 일부러 영감 가까이 다가가서 인사를 하기까지 했다.

추위가 가고 봄볕이 잔잔한 호수의 물결처럼 밀려오기 시작하면서 노란 개나리가 담장을 타고 오르자 영감은 또 가게 앞에 의자를 내놓고 앉는 시간이 많아졌다.

이제 눈송이 숫자를 헤아려 볼 일도 없는데 무슨 일로 또 앉아 있을까? 나는 영감에게 다가가면서 정겹게 물었다.

"영감님, 오늘은 무얼 보시고 계십니까?"

"아지랑이를 보고 있지."

또 거짓말을 하는 것인가? 아무리 봄이 왔다고는 하나 아지랑이가 뜨기에는 아직 철이 이르다.

"내 마음속에 보이기 시작을 했으니 이제 곧 뜰 거야."

아! 영감의 눈길을 좇던 나는 짧은 비명을 지를 수밖에 없었다. 멀리 월명산 앞자락에 연기처럼 가늘게 피어오르는 아지랑이가 보였기 때문이다.

이가 없으면 잇몸으로 산다고 했던가? 눈이 보이지 않는 영감은 귀로 들어서 내 걸음 소리만으로도 알아보더니 이제는 가슴으로 아지랑이가 떠오르는 것을 느낄 수가 있는 모양이다.

설마

이웃사촌이라고 했다. 오랫동안 정들어 살던 옆집의 박 영감이 돌아가신 지 벌써 일 년이 되었다. 영감이 살던 집에 지금은 아들이 살고 있지만 그분이 살아 있을 때처럼 관심이 가지 않는다. 생전의 영감과는 말이 통해서였는지 나이와 상관없이 구멍가게에서 소주병을 놓고 아옹다옹했었다. 때문에 정이 많이 들었다.

영감이 돌아가시고 한참 동안은 상당히 신경이 쓰였다. 느닷없이 심통 궂은 영감의 얼굴이 골목에서 불쑥 튀어나올 것 같기도 하고 질그릇 깨지는 소리로 소리쳐 불러댈 것 같아서 등이 오싹거리기도 했다.

생각해보면 돌아가신 영감은 성격이 조금 괴팍스러워서 그렇지, 사리나 경우가 분명한 사람이었다. 한데 지금 살고 있는 영감의 아들은 아버지와는 성격부터가 판이하게 다르다.

이사 첫날부터 집들이를 한답시고 친구들을 불러다가 밤새도록 술에 취해 고성방가하는 것은 그만두고라도 골목에서 마주쳐도 인사조차 없다. 어찌 생각하면 내가 특별히 잘해준 것도 없으니 기대할 것도 탓할 것도 없다. 하지만 비록 나이 차이는 있지만 자신의 아버지와 술벗을 하던 사람이 아닌가.

거기다 더 참을 수 없는 건 메리라는 잡종 개다. 사람 사는 곳에 개는 있게 마련인데 내가 개를 싫어한다는 이유 하나만으로 그 개를 시비할 수는 없다. 하지만 시도 때도 없이 으르렁거리며 짖어대는 소리는 마치 나의 인내력의 한계를 테스트하는 것 같다.

그 개를 자기들은 족보가 있는 진돗개라고 강력히 주장하지만 아무리 봐도 내 눈에는 잡종 개가 분명하다. 벌써 누런 빛깔부터 우중충한 것이 가문이 의심스럽고, 엉덩이 쪽에 덕지덕지 묻은 오물 덩이를 보면 보신탕감으로도 구역질나게 생긴 모습이다.

사람도 밉게 보면 잘해도 거슬리는 법. 하물며 보기 싫은 똥개가 골목길을 어슬렁거리면서 시도 때도 없이 짖어댄다면 두말해 무엇하겠는가. 게다가 그 똥개는 나를 만나면 제 딴에는 낯익은 얼굴이라고 꼬리까지 살살 친다. 그때마다 온몸에 두드러기가 돋아날 것만 같다. 뿐만 아니다. 우리 집 대문이라도 열려 있는 날엔 제 집처럼 쓱 들어와서 먼지 묻은 털을 툴툴 털어

댄다. 또 밤이면 사납게 짖어대다가 숨이 넘어갈 듯 깨갱대기도 하고, 여우 새끼 울음소리로 크르릉거리곤 한다. 그때마다 꼭 공동묘지에서 뭐가 뛰쳐나올 것만 같다.

그래도 그러다 말겠지, 했다. 한데 이건 날이 갈수록 심해졌다. 참다못해 주인에게 어떻게 좀 해볼 수 없느냐고 사정을 해 보았다. 집주인은 오히려 나를 이상한 눈으로 쳐다보았다. 밤에 개가 짖는 것은 당연한 일 아니냐는 태도였다.

하루는 참을 수가 없어 박 영감 체면이고 뭐고 담판을 내야겠다고 결심을 하고 대문을 발로 차고 들어섰다. 메리 똥개는 현관에 엎드려 의뭉한 눈으로 나를 바라보았다.

"이보쇼, 젊은 양반! 당신 정말 이러기요?"

아예 처음부터 시비조로 나갔다. 주인은 내 말에는 대꾸도 하지 않고 오히려 놈의 눈치를 보면서 황급히 내 팔을 끌고 밖으로 나왔다.

"내 목소리가 저 똥개 짖는 소리만 못하다는 거요, 뭐요?"

나는 소리를 고래고래 질렀다. 길길이 날뛰는 나를 난감한 얼굴로 보고 있던 그가 큰 결심을 한 듯 내게 다가와 속삭이듯 말했다.

"저 개가 아버님 돌아가신 날, 저희 집으로 찾아 들어왔습니다. 그러니 난들 어떻게 합니까?"

순간 알 수 없는 전율이 내 온몸을 훑고 지나감을 느꼈다. 갑자기 얼이 나간 듯 아무 소리도 할 수 없었다.

'이봐? 라 선생, 당신 지금 뭘 하고 있는 거여?' 금방이라도 질그릇 깨지는 박 영감의 목소리가 튀어나올 것 같아서 비실비실 그 집을 나오고 말았다. 메리 녀석이 이상야릇한 눈으로 나를 쳐다보고 있었다.

모닥불

불은 영원히 꺼지지 않을 듯 붉은 혀를 날름거리면서 타오르고 있다. 주변의 어둠도 불꽃에 빨려들어 춤을 추고 있다. 연기 때문에 비켜섰던 사람들도 언제 그랬냐는 듯이 모여들기 시작한다. 어느새 주위에는 비집고 들어갈 틈조차 없다.

초저녁 무렵, 박 영감이 어디에서 구해 왔는지 통나무 몇 토막과 솔가지를 들고 와서 불을 피우려고 했을 때, 동네사람들은 물론 나도 영감을 못마땅한 눈으로 쳐다보았다. 시골도 아니고 주택가에서 불을 피운다는 게 아무래도 마뜩찮았기 때문이다. 위험한 일이다, 설령 불이 옮겨 붙지 않는다고 해도 연기와 함께 재가 날려 지저분해진다, 여러 사람이 말렸지만 박 영감은 콧방귀도 뀌지 않고 고집스레 불을 피웠다. 초상집에는 모닥불이 있어야 한다는 거였다.

촌에서 이사 온 이후 처음보다는 촌티를 벗어나는가 싶었는데 그런 면모를 보니 박 영감은 역시 어쩔 수 없는 시골 영감일 뿐이었다. 나이대우를 하는 셈치고 예의를 갖추어 정중하게 사정을 하는데도 누구도 그 고집을 꺾을 수가 없었다.

한데 자정이 가까워 오면서 사정이 달라졌다. 불이 활활 타오르자 언제 그런 염려를 했냐는 듯 그런 걱정은 간 곳 없고 두 손을 모아들고 불가로 모여들기 시작한 것이다. 나도 언제 박 영감 흉을 보았느냐 싶게 불가에 앉았다.

불길은 눈이 시리도록 잘도 타고 있었다. 주변은 아주 오래전부터 알고 지내는 친구처럼 훈훈하고 따뜻했다. 뿐만 아니다. 주변 청소까지 해주었다. 지저분하게 버려진 종이컵이며 비닐조각까지 삼켜 버렸다.

시간이 지날수록 타오르는 불꽃 속으로 빨려들었다. 불꽃이 출렁였다. 톡톡 소리내며 타 들어가는 소나무 가지에서 정답고 그리운 송진 냄새가 코끝을 자극했다. 오래도록 잊고 있었던 냄새다.

유년 시절에 몸에 배었던 냄새였다. 고향 뒷동산이 소나무 숲이다 보니 썰매를 타다가 꽁꽁 언 손을 녹일 때의 모닥불도 소나무 삭정이였고, 오뉴월 삼복 복더위에 방아깨비를 구워 먹을 때도 솔가지였다.

그 중에서도 지금껏 내 기억 속에 남아 있는 모닥불의 송진 냄새는 어느 해, 상엿집을 태울 때의 기억이었다. 그 불은 허가 된 방화였기 때문에 비록 오달진 쾌감은 없었지만 그래도 지금껏 가슴속에 남아 있는 좋은 추억의 냄새였다.

무척이나 어둡던 그믐날 밤이었다. 마을 가까이에 있던 폐가로 남아 있는 상엿집이 흉하다고 하여 마을 어른들이 불을 질렀다. 마침 가뭄에 말랐던 지붕이 불에 닿는 순간, 불길은 기세 좋게 하늘까지 올라가 별빛까지 감추었다. 불길이 스러진 뒤에도 우리는 그곳을 떠나지 않고 불씨를 주워 모아 지분거렸다. 그때 마지막 몸부림처럼 피어오르는 연기와 함께 내 콧속으로 스며들던 송진 타던 냄새는 그 밤이 지난 다음에도 오래도록 내 가슴속에 남아 있었다.

나는 모닥불 옆으로 더욱 다가갔다. 송진 냄새가 솔솔 풍겨왔다. 코로 기분 좋게 스며드는 향기에 정신없이 유년 시절의 추억 속으로 달려간다.

"이봐 선생, 그러다가 불 속에 빨려들 거여?"

어디에 있다 나왔는지 박 영감이 짓궂게 이죽거리지만 밉지가 않았다. 초저녁에 불을 피우는 영감에게 못마땅한 태도를 보였던 나에 대한 복수일 터였다.

"영감님, 어디 소나무 더 없을까요?"

염치없는 내 물음에 싫은 표정도 없이 환하게 웃으면서 숨겨둔 소나무 토막을 들고 나왔다.

"소나무 타는 냄새가 좋아서요."

"오뉴월에 쬐다가 쫓겨나도 서운한 것이 모닥불이여."

그것 보라는 듯이 박 영감은 내 소나무 타령을 비웃듯 얼토당토하지 않은 메마른 소리로 대답을 했다.

이 밤이 지나고 내가 박 영감을 한층 더 이해할 수 있다면 그건 분명히 송진 타는 냄새 때문일 것이다.

그래봤자 기본료

내가 살고 있는 집은 큰길에서 약간 올라간 비탈진 골목 안에 있다. 지대가 높다 보니 장마철에 물난리 겪을 일도 없고 여름철에는 시원하게 통풍까지 잘되어 좋다. 게다가 찻길에서 많이 떨어져 있어서 자동차 소음이나 매연도 없다.

겨울에는 춥지 않느냐고 친절하게 물어주는 친구도 있지만 그도 그다지 문제될 건 없다. 키 큰 사람이 찬 공기 더 마시는 정도라고 하면 적절한 답이 될 것이다. 외려 쾌적하다.

언덕배기 뒤쪽으로는 큰 성당이 자리잡고 있다. 겨울철에는 바람도 막아 주지만, 그 옆에 살고 있으면 천국 갈 때 동네 사람이라고 조금은 봐줄 것 같아 든든함까지 있는다.

그래도 굳이 불편한 것을 말하라면 택시 타기 정도일까? 택시를 타려면 큰길까지 나와야 하는데, 항상 비 오는 날이 문제다. 소낙비라도 쏟아질 때는 큰길까지 아무리 빨리 달음질하다시피 달려도 바지는 이내 젖어 버리기 때문이다. 또 늦은 시간 귀가길도 문제다. 택시기사들이 대부분 골목을 싫어하기 때문이다. 아무리 기사들이 그럴지언정 그것도 젊어서는 괜찮았는데 나이 먹은 지금은 은근히 겁도 난다.

"오룡동 성당으로 갑시다."

택시 문을 열면서 행선지를 대면 대개는 나를 힐끗 한번 쳐다보고는 짜증스럽게 되묻는다.

"어디요?"

"성당이 아니라 그 앞 골목입니다."

"그 골목 올라가 봐야 기본료뿐인데 돌아 나올 때 손님도 없어요."

그 말을 듣는 나는 몹시 기분이 나쁘지만, 택시 잡기도 쉽지 않고 또 언제 만날지 몰라서 거스름돈도 받지 못하고 내린다.

어쩌다 점잖은 기사 만나서 기분 좋게 귀가를 하게 되면 그날은 정말 운수 좋은 날이다. 그러나 술이라도 한잔한 날, 젊은 기사를 만나면 어김없이 예의 그 시비가 인다.

어젯밤도 그런 날이었다. 밤이 깊었기에 나는 일반택시를 두 대나 그냥 보내면서 일부러 기다려서까지 모범택시를 탔다.

"손님 어디로 모실까요?"

역시 모범택시답게 예의가 있었다. 한껏 기분이 좋아진 나는 느긋하게 등을 기대면서 말했다.

"오룡동 성당이요? 골목으로 올라가야 합니까?"

모범택시 기사의 다소 가시 돋친 듯한 말을 듣는 순간, 나는 좋았던 기분이 싹 가시면서 열이 확 받아쳐 올라왔다.

"올라가지 내려갑니까?"

"허, 이 양반이 웬 시비야?"

"양반? 너 지금 뭐라 했어?"

앞뒤가 보이지 않았다.

"이 양반 어디다 반말이야!"

"어린 놈에게 반말 좀 하면 안 되냐?"

"이보슈, 이래도 나 전문대 나온 놈이야. 택시기사 한다고 사람 우습게보지 말란 말이야."

기가 막힌다. 전문대 나온 택시 기사가 이 정도면 대학 나온 기사는 사람 죽이겠다. 순간 택시가 중앙선을 확 침범해서 백팔십도 회전을 하여 길을 바꾸어버렸다.

"너 지금 중앙선 침범했어?"

"오룡동 성당 간다며?"

그러고 보니 가는 방향과 반대쪽에서 내가 택시를 세운 것이다.

"회전로에서 돌아야 할 게 아냐? 무슨 이따위 자식이 모범이야?"

"전문대 나온 놈이 할 일 없어 택시기사 하겠냐? 우리 아버지 저녁 교대 나왔다."

그러고 보니 모범치고는 너무 젊었다.

“임마, 너 차 세워!”

“웃기지 마. 너 같은 꼰대 말 잘 들었으면 전문대학에 가지도 않았다.”

내가 아무리 길길이 뛰어도 운전대를 잡은 사람은 전문대 나온 기사님이었다.

다투다 보니 도대체 오는 방망이에 가는 홍두깬지, 가는 방망이에 오는 홍두깨인지 분간할 수조차 없게 되고 말았다.

4부

해변의 갈매기가 되어

햇볕 좋은 토요일 오후, 갈 곳도 없어 뭉그적거리고 있는데 낯선 전화가 걸려왔다. 중년쯤 되었을까, 목소리가 고운 여인이었다. 엉뚱하게 술이나 한잔하자는 것이었다.

무슨 일일까? 다소 불안했지만 전화 내용으로 보아서 무분별한 여인은 아닌 것 같아서 응낙을 했다. 여인이 내 의사는 묻지도 않고 일방적으로 먼저 시간과 장소를 정해 버렸다.

어떤 여인일까? 왜 나를 만나자고 하는 것일까? 사실 요즈음 나는 좀 무료한 편이긴 하지만 그렇다고 엉뚱한 일에 휘말리고 싶은 마음은 없다. 거기에 생각이 미치자 비록 약속은 했을지언정 약속장소에 나갈까말까 순간 망설여지기도 했다. 그러다, 이내 까짓것 지은 죄 없는데 굳이 피할 일이 뭔가 싶어 만나보기로 마음먹었다.

거리로 나왔다. 싱그러운 햇살이 이마를 간질인다. 연녹색으로 물든 가로수의 밑을 사람들이 바쁘게 오갔다. 얼굴도 모르는 여자를 만나러 가면서 엉뚱한 생각을 하고 있는 한심한 내 모습에 쓴웃음이 나왔다. 하지만 그렇게만 생각할 일도 아니었다. 그녀의 전화야말로 따분한 토요일 오후를 탈출하게 해주는 구원의 천사 아닌가.

시간에 늦지 않으려고 부지런히 걸어서 약속장소인 레스토랑으로 갔다. 문을 밀치고 두리번거리는 내 앞으로 한복을 곱게 입은 여인 하나가 웃으며 다가왔다. 그녀는 진작부터 나를 알고 있었던 모양이다. 내가 상상했던 만큼 젊지는 않았지만 상당히 미인인 것은 분명했다.

팬이에요. 순한 얼굴로 웃는 얼굴을 보면서 조금 전까지 조금은 불안했던 마음이 싹 가셔버렸다. 내가 지방신문에 발표한 어쭙잖은 글 몇 편을 읽었던 모양이었다. 그런데 문제는, 난 팬 어쩌고 하면 분수도 모르고 넋을 잃고 만다는 것이다.

작은 룸에 낯선 여인과 단둘이 앉았다. 어색하기도 했지만 몇 잔 술이 오가자 금세 익숙해졌다.

"제가 너무 늙어서 실망하셨나요?"

"무슨 그런 말씀을……."

"저는 선생님을 잘 알고 있습니다. 어쩌면 글을 그렇게 잘 쓰세요?"

낯간지러운 말이었지만 그렇다고 기분이 나쁜 건 아니었다.

사실 나는 대범한 척하지만 이런 쪽에 별로 익숙하지 못해 어색하다보니 거듭 술잔만 비울 수밖에 없었다. 그녀도 몇 잔 술에 얼굴이 상기되고 있었지만 웬일인지 시간이 지나면서 표정이 점점 심각해지고 있었다.

"선생님, 부탁이 하나 있는데요."

"부탁이라면?"

나는 입으로 가져가던 술잔을 멈추고 불안한 눈으로 그녀를 쳐다보았다.

"제 이야기를 책으로 써 주세요."

"저는 좀 비싼데요."

"베스트셀러 소재라니까요."

순간 성급했던 내 경망함을 후회했다. 가슴이 두근거리기 시작했다. 어젯밤 꿈이 좋더니 정말 좋은 이야깃거리가 하나 생기려나 보다.

하지만 내 들뜬 기분은 오래가지 못했다. 그녀가 콧물까지 훌쩍거리면서 쏟아놓은 그녀의 첫사랑 이야기는 너무나 흔한 시골 보리밭 사건이었기 때문이다. 지루함을 달래려고 마신 술이 꽤나 취했을 무렵 그녀는 마스카라에 묻어 내린 눈물을 훔치면서 악수를 청하고 꼭 베스트셀러를 써 달라고 다시 부탁을 했다.

사람들의 가슴속에 아름답게 남아 있는 것 중 첫사랑의 추억이 가장 으뜸이 되는 것인가? 자신의 첫사랑이야말로 누구와도 바꿀 수 없는 소중하고 근사한 이야기일 것이다.

끼륵 끼륵. 내가 갑자기 갈매기가 된 것 같은 기분이 든 것은 해변의 풍경을 돕고 있는 새처럼 오늘 하루 엉뚱하게 삶에 지친 여인의 들러리가 되고 있는 자신이 한심했기 때문이었다.

황홀한 유혹

청운사 도원스님께서 백련白蓮 세 봉오리를 보내 주셨다. 목련 같은 하얀 꽃잎이 겹겹이 쌓여 금방이라도 터질 것같이 탐스럽다. 첫 연꽃으로 냉차를 만들어 먹으면 위장이 좋아진다고 6월이 되면서 제일 먼저 꽃대를 타고 올라온 것을 마음먹고 보내오신 것이다.

지난겨울 우연히 만난 자리에서 소화가 잘 안 된다고 했던 내 말을 잊지 않으셨던 모양이다. 속인의 하잘것없는 위장병 때문에 피워 보지도 못하고 꺾인 꽃봉오리를 받고 보니 새삼 미안한 마음마저 든다. 하지만 내 고뿔이 남의 염병보다 더 중하다는 속담과 같이 내 위장이 우선이지 피워 보지 못한 연꽃봉오리를 애석하게 생각할 만큼 여유로운 내가 아니다.

쪽지에 적어 놓은 대로 정수기 물에 담가 냉장고에 넣어 두었다. 그리고 하루 종일 쏘다니다 집에 돌아와서도 냉장고 속의 연꽃을 까맣게 잊어버리고는 잠이 들고 말았다.

'어?'

갈증으로 물을 마시려고 냉장고 문을 열던 나는 깜짝 놀랐다. 넣어놓고 잊어먹고 있었던 연꽃 한 송이가 어느새 활짝 피어 맑은 물병 속에서 하늘 하늘 춤을 추고 있었기 때문이다. 하얗게 성에가 낀 유리 병 속에 담겨 있는 연꽃이 박 속보다 더 희고 깨끗했다. 그뿐인가? 은은하게 퍼져 나오는 분꽃 같은 향기가 가슴으로 스며든다. 잠이 덜 깬 나는 꿈속인 양 향기에 취해 몽롱하게 서 있었다.

한 컵 마시고 싶다. 한데 꽃잎까지 담겨진 이슬보다 더 맑고 깨끗한 물을 마시기가 망서려 진다. 아니 미안하다. 이물을 마신다면 내가 환경을 오염시키는 주범이 되는 것이 아닌가? 두려운 마음까지 생긴다. 하지만 위장병에 좋다는데 난들 어쩌랴. 애라 모르겠다. 욕심껏 딸아 마셔 버렸다.

아!

말로는 표현 할 수 없는 향기다. 오래 동안 담가 놓은 것도 아니고 뜨거운 물에 끓인 것도 아니다. 그렇다고 진하고 화려한 것도 아니다. 은은한 것이 분 냄새일까? 아니 사랑하는 사람의 몸에서 풍겨 나오는 몸 냄새였다. 입안 가득 고인 연꽃 이슬을 한꺼번에 삼켜 버리면 분 냄새가 달아날 것만 같아서 천천히 조금씩 넘겼다.

잠까지 달아나 버렸다. 아직도 은은히 남은 입안 향기를 음미하면서 오지 않는 잠자리에서 뒤척이었다. 창밖에 휘영청 뜬 달빛이 아름답다. 연꽃이 자란 청운사의 인경소리가 들리는 것도 같다. 밤이 깊어 가는데 연꽃이 자꾸 눈앞에 어른거린다.

한잔을 더 마시면 오늘밤 한잠도 자지 못하는 것 아닐까? 연지에 핀 꽃보다 물병 속의 활짝 핀 흰 연꽃이 더 아름답지 않았던가? 연꽃이 자꾸 눈앞에 어른거리면서 생각이 많아지더니 어느새 소복을 입은 여인으로 변해서 현란하게 눈앞을 어지럽힌다. 어떻게 변해 있을까? 한번 더 보고 싶다. 벌떡 일어나 다시 냉장고 문을 열었다.

아!

순간 나는 또 다른 모습에 놀랐다. 이번엔 연꽃만이 아니다. 노란 수술까지 춤을 추고 있었다. 흰 연꽃잎 속에 노란 수술이 너무 잘 어울린다. 어떤 새색시의 색동옷 조화가 이처럼 어우러질 수가 있을까? 마치 선녀의 치맛자락이 맑은 폭포수 밑에서 바람에 하늘거리는 것 같다.

이제 잠은 천리나 달아나 버렸다. 연꽃을 꺼내놓고 턱을 고였다. 마음이 구름 위에 떠 있는 듯 싶다. 보고 또 보아도 싫증이 나지 않아 잠을 설치고 말았다.

대신에 연꽃 잎 차 몇 잔을 마신 것뿐인데 피곤함은커녕 거북하던 뱃속까지 시원해진 것 같다. 속을 썩이던 위장병이 나아 버린 모양이다. 스님이 정성으로 보내주신 연꽃 속에 천사들까지 따라 왔던 모양이다. 황홀한 유혹의 아름다운 밤이었다.

묵 언默言

성대 수술을 했다. 정확한 병명은 성대 결절이라고 했다. 일 년 전쯤부터 목소리가 갈리고 쉿소리가 났지만 피곤해서 생긴 것쯤으로 알고 대수롭지 않게 생각하고 말았었다. 아니 사실대로 말해서 간이나 위가 나쁘다면 겁을 냈을까? 목소리 갈라지는 정도를 병이라고 생각하지 않고 살았다는 이야기가 되는 셈이다.

큰소리를 내지 못해서 노래방을 기피한 것은 오래다. 그렇다고 통증이 있는 것도 아니어서 그냥 무시하고 말았던 것이다. 우연히 이빈후과 원장과 술을 마시다가 그냥 넘어 갈 일이 아니라고 해서 따라갔다가 후두에 종양이 있는 것을 알았다. 덧붙여 악성일일수도 있는 일이지만 방치하면 목소리까지 잃을지도 모른다는 소리에 더럭 겁이 났다.

치료 방법은 수술뿐이라고 했다. 전신 마취를 해야 하는데 65세 이상의 노약자는 완전 건강진단을 새로 해야 한다는 것이다. 심장부터 시작해서 체크하는 데만 한 달이나 걸렸다. 다행히 다른 곳은 이상이 없어서 제거 수술을 받을 수 있었던 것이다.

덕분에 술을 끊게 되었다. 뿐만 아니다. 새삼스럽게 살아온 뒤를 돌아다볼 기회까지 생겼다. 사실 성대 결절은 가수나 말을 많이 하는 학교 선생님들에게 생기는 병이라고 했다. 그러고 보면 이도 저도 아닌 내가 목에 종양까지 생긴 것은 필요 없는 헛소리를 많이 하고 살았다는 이야기가 되는 셈이다. 요즘 들어 부쩍 늙어서 말을 많이 해서는 안되겠다고 반성을 하고 있는 터였지만 실행을 하지 못하고 있었다.

늘 마시고 사는 술을 끊는 다는 것도 어렵지만 말을 하지 않고 산다는 것이 얼마나 어려운 것인지 새삼스럽게 알게 되었다. 역시 사람과 세상이 소통 할 수 있는 매게는 말(언어)라는 점을 깨달았다. 한마디 말에도 언어의 메시지가 들어 있는 것을 실감하면서 평소 언어 습관까지 되돌아보는 계기도 되었다. 그러고 보면 이번 병은 신이 내게 내려준 축복의 기회가 되는 셈이다. 더구나 수술결과도 좋았다.

의사가 일주일 정도는 한마디도 하면 안 된다고 했지만 한달 정도만 조심하면 완치가 된다고 해서 가볍게 생각하고 퇴원을 했다. 전신 마취 후유증인지 몸이 무거워 누워 있던 퇴원 첫날은 아무 일도 없었다. 다음날부터는 손짓 발짓으로 의사 소통을 했다. 그러다가 순간 적으로 나도 모르는 사이에 말이 튀어나오는 것이다.

할말이 너무 많다. 평소에 이렇게 많은 말을 하고 살았던 것인가 새삼스럽게 부끄러운 생각이 들었다. 애써 사람을 피한다고 공원 산책길에 들어섰다. 웬걸 오늘 따라 아는 얼굴이 너무 많다. 말을 할 수가 없다고 모른 체 할 수가 없어서 고개를 까딱거리면서 미소까지 지어 주었다. 한데도 사람들이 으아 해하는 표정이다. 아니 교만해 졌다고 비웃는 것 같기만 해서 목 수술 때문이라고 설명을 하고 싶어 조바심까지 일어났다. 사람들은 자꾸 만나고 안되겠다 싶어 집으로 돌아오려고 택시를 세웠다. 기사가 행선지를 물었다. 손짓발짓으로라도 설명을 하려다 생각하니 너무 답답할 것 같아 주머니에서 볼펜을 꺼내 행선지를 적어주었다.

기사가 입까지 앙 다물고 있는 나를 연민의 눈으로 쳐다보다가 엄지와 검지로 동그라미를 만들어 내 눈앞에 흔들었다. 알았다는 신호다. 말을 못하면 당연히 듣지도 못할 것이라고 지레짐작을 한 것이다. 아니라고 또 말이 튀어나오려는 것을 간신히 참았다.

아무래도 불립문자의 경지에 오르기에는 나에게는 참으로 지난한 일일 것 같다.

스님들이 묵언으로 탁발수행을 하는 경지가 얼마나 고도 수행 경지인지 어렴프시나마 깨달을 수 있을 것 같기도 했다. 잠시나마 내친김에 나도 이번에 아예 입을 다물고 도나 터볼까 하는 생각도 해보았지만 며칠이나 참을 수 있을까. 쓴웃음만 나온다.

천사의 이름

늦게 시집 간 딸아이가 손녀를 순산했다. 기분대로 라고 하면 업어 주고 싶었지만 막상 산후조리를 하겠다고 집으로 온다고 했을 때 나는 반대를 했다. 출가 외인이라느니 어쩌고 이것저것 핑계를 대기도 했지만 사실은 두려움 때문이었다.

새삼스럽게 생각해 보면 우리 집에서 어린애 울음소리를 들어 본 것이 언젠지 모르겠다. 아니 기억도 없다. 딸아이가 삼십이 훨씬 넘었으니 기억조차 나지 않는 아득한 옛일인 것만은 분명하다. 나로서는 아이를 길러본 기억조차 나지 않는 것이다.

내 아이들이 태어날 무렵은 정신 없이 밖으로만 쏘다닐 때다. 새벽에 나가서 밤중에 술이 취해 들어와 씻을 겨를도 없이 골아 떨어졌으니 아이들이 있는지 없는지 관심조차 없었다. 밤

중에 울음소리에 잠이 깬 적이 있었지만 우는 아이 걱정은커녕 오히려 집사람에게 짜증만 냈을 뿐이었다. 내 무관심까지도 아랑곳하지 않고 아이들을 잘 길러준 집사람이 한없이 고맙다. 그건 그렇고 이 나이 먹어 엉뚱하게 아이 울음소리 때문에 잠을 설친다는 것이 두려 운 것이다. 집사람에게 집에 있는 동안 병이라도 생기면 사돈집에 입장만 난처해지는 것 아니냐고 궁색하게 핑계를 대 보았다. 요즈음은 그게 관례라고 일축하고 만다.

할말이 없어 시집보냈으면 그만 아니냐고 또 투덜거려 보았지만 막상 손녀를 안고 들어오는 딸아이를 보니 너무 대견스럽고 사랑스럽다. 돌변해서 반기는 나를 보고 그럴 줄 알았다는 듯이 집사람이 환하게 웃었다.

우리 부부에게는 첫 손녀다. 어찌 아니 예쁘겠는가. 궁금해서 살그머니 훔쳐보았다. 태열도 미쳐 가시지 않은 작은 모습이다. 마음속으로는 은근히 한번 안아 보고 싶었지만 투덜거린 자존심 때문에 내색을 하지 못하고 슬그머니 뒷걸음질을 치고 말았다.

하루가 지나갔다. 내가 걱정했던 아이 울음소리가 들리지 않는다. 너무 작아 울 줄도 모르는 것이겠지 했다. 한데 아니란다. 순둥이라 울지 않는다는 것이란다. 기특하다.

괜히 궁금해서 손녀를 안고 있는 집사람주위를 맴돌았다. 실눈을 뜨고 웃던 집사람이 슬그머니 녀석을 내게 안겨 준다. 팔에 안기도 전에 깨소금처럼 고소한 냄새가 코로 스며든다. 작은 녀석이 까만 눈으로 나를 올려다보더니 벙긋 웃는다.

세상에 이렇게 예쁜 놈도 있었던가? 이제 겨우 사람의 형상을 갖춘 모습이지만 시원한 이마 보석 같은 두 눈 앙증맞은 손발까지 어느 곳 하나 나무랄 것 없는 예쁜 모습이다. 세상의 어떤 꽃이 이렇게 예쁠 수가 있을까? 조금씩 칭얼대는 모습이 더 예쁘다. 팔이 아팠지만 내려놓고 싶은 마음이 없다. 말도 못하는 녀석의 얼굴 속에 수많은 이야기가 들어있다. 보고 또 보고 있어도 실증이 나지 않는다.

녀석 때문에 TV연속극 채널 따위에 관심이 없어진지 오래다. 내게는 넘겨 주지도 않고 혼자만 안고 다니는 집사람에게 질투가 느껴지기도 한다. 녀석의 얼굴을 쳐다보고 있으면 지루하기는커녕 세상의 시름이 모두 없어지고 만다. 밖에 나가고 싶지도 않다. 녀석은 천사다.

이름을 짓겠다고 벌써 며칠째 낑낑거렸다. 이것저것 이름을 맞추어 보아도 마음에 들지 않는다. 선녀 같은 녀석에게 세상의 흔한 이름이 어울릴 리가 없는 것이다. 하늘의 천사들에게도 개별 이름이 있을 법 하지만 알 수가 없으니 더욱 갑갑하다. 오늘도 이름을 짓지 못했다. 그냥 천사라고 부르면 안 되는 것인가. 덕분에 나도 늙지 않고 아기 옆에 영원히 이대로 남아 있고 싶다는 욕심까지 생긴다.

자완연紫菀蓮

청운사 대웅전 앞뜰에 작은 연지蓮池가 있다. 연못이 아니다. 세숫대야만이나 할까? 플라스틱 원반에 받침대를 세워 맑은 물을 가득 담아 놓은 것이다.

자완연紫菀蓮 꽃 한 송이가 피어 있다. 작고 앙증맞아 더욱 눈길을 끌었다. 예쁜 여인의 볼에 그려놓은 곤지처럼 작고 예쁜 꽃잎에 노란 수술 가운데로 가냘픈 대를 타고 올라있는 것이 앙증맞고 곱다.

세상에 이렇게 작은 연꽃도 있었던가? 신기하다. 그뿐이 아니다. 열린 대웅전 문안에서 부처님이 지켜주듯 그윽하게 쳐다보고 있으니 필시 이 세상 꽃이 아닌 것 같아 신비하게 까지 느껴진다.

나는 불교 신자가 아니다. 내가 교통도 불편한 청운사를 자주 올라가는 것은 잘 가꾸어 놓은 백 연꽃 때문이기도 하지만 탱화장 인간 문화재 도원 스님을 만나기 위해서다. 중키에 맑은 눈 폭넓은 그림의 세계와 해박한 지식을 소유한 스님은 만날 때마다 새로운 감동을 얻는다.

절에 자주 들락거리다 보니 부처님을 만나는 것도 어색하지 않아서 가끔씩 합장도 한다. 어느 날 대웅전 앞에서 합장을 하고 돌아서다가 우연하게 연지를 보았다.

볼수록 신기하다. 샘이 솟는 것도 아니요. 자주 물을 갈아주는 것도 아니다. 한데도 물이 맑다. 오염되지 않은 것이다. 정화 약을 넣어 준 것이 아니라면 분명 이유가 있을 것이다. 부처님의 조화일까? 사람의 힘이 아니라는 생각이 문득 들었다.

이른 봄부터 피기 시작한 꽃이다. 여름 내내 싱싱하고 꿋꿋한 모습으로 변함 없이 피어있는 것이 어찌 저만의 힘이겠는가? 입으로 불어도 부러져 버릴 듯 연약한 꽃대다. 의연하게 장마 속에서 폭풍까지 이겨내더니 드디어 열매까지 매달게 된 것이다.

꽃이 피었을 때만 해도 연밥까지는 상상도 못했다. 손톱만큼 작은 연밥 속에 좁쌀 알보다도 작은 알맹이 다섯 개의 윤곽이 뚜렷하게 보인다. 신기하고 기특해서 변화를 계속 지켜보았다. 하도 작아서 크는 것은 눈에 보이지도 않고 색깔만 조금씩 변해가고 있는 것 같았다.

나에게 엉뚱하고 어리석은 욕심이 생긴 것은 추석이 가까워

온 9월이었다. 그 날도 연꽃을 구경하고 있다가 느닷없이 천상의 복숭아가 생각이 난 것이다. 부처님 영험으로 만들어진 자완연 이라면 천도 복숭아와 다를 게 무엇인가? 갑자기 숨이 컥 막히면서 가슴이 두근거리기 시작했다.

아무도 모르는 비밀이다. 먹을 수만 있다면 위장병이 문제가 아니라 십 년쯤 젊어질지도 모를 일이다. 흥분으로 몸이 떨렸다. 망설일 것도 없다. 꽃대를 꺾으려고 손을 뻗다가 주춤했다. 갑자기 등뒤에서 누가 쳐다보고 있는 것 같아서였다. 고개를 돌려보았더니 부처님이다. 문이 열린 대웅전 안에서 반쯤 눈을 뜨고 고요하게 나를 쳐다보고 계셨다. 갑자기 두려운 생각이 들었다. 나도 모르게 한 걸음 물러섰다. 순간적인 탐욕으로 부처님에게 죄를 지은 것 같다. 아쉽지만 자완연 열매를 훔치는 일은 포기해야 할 것 같다. 부처님 눈이 두렵다.

천도복숭아에 버금가는 자완연이 아니던가가? 돌아서다 생각하니 또 미련이 남는다. 불가에서는 인연을 중하게 여긴다고 했다. 유독 내 눈에만 띄게 한 것은 부처님이 나에게 기회를 주려고 한 것이 아니었을까? 그렇다면 부처님 뜻에 따라야 하는 것은 당연한 처사다. 다시 보니 부처님도 웃고 계신다. 나는 아무래도 포기하기가 아쉬워 다시 연지로 돌아섰다.

"아뿔사!"

고개를 돌리고 있었던 건 순간이었다. 연밥을 매달고 있던 꽃대가 간 곳이 없다. 그 짧은 갈등의 순간에 살아지고 만 것이다. 나말고 또 다른 사람도 노리고 있었던 모양이다. 허탈하게 돌아서자니 발등을 찍고 싶은 만큼 후회가 되었다.

까짓 좁쌀만도 못한 연밥이 무슨 천도 복숭아? 애써 마음을 달래보지만 아쉬움이 남는다. 나는 아직은 부처님과의 인연이 닿지 않은 모양이다. 마음을 달래면서도 한편으로는 속세를 벗어나지 못한 하잘 것 없는 중생이라는 생각에 얼굴이 달아오른다.

우리의 영웅

다가오는 새해는 닭의 해다. 태어난 해를 십이지十二支로 나누어 표현된 동물은 모두 그 나름대로 특색이 있다. 용이나 호랑이같이 일상과는 거리가 먼 상징적인 동물이 있는가 하면 개나 닭처럼 인간과 아주 친밀한 동물들도 있다.

나는 용띠다. 그러나 용은 그림에서나 형상으로 보았을 뿐, 실제 모습은 본 적도, 알 수도 없는 동물이다. 그래서인지 용에 대해서는 온갖 상상력을 동원해도 어느 지점에 아르면 이내 한계에 부딪히게 되어 더 이상의 관심을 가져보지 못했다. 오히려 개나 닭이 우리의 생활 속에 깊숙이 들어와 있어서인지 관심의 폭은 훨씬 다양했다.

특히 나 개인적으로는 닭과 인연이 많은 편이다. 이미 우리의 식생활에서 큰 비중을 차지하고 있는 닭고기를 유난히 좋아

해서다. 퇴근길에 친구들과 소주 한 병 마실 때에도 튀김 닭 한 마리면 그만이고, 값이 싸서 아무때나 편한 마음으로 찾을 수 있다. 또 양보하느라고 서로 미루다가 닭다리 하나쯤은 남겨 놓고 나와도 아깝지 않은 만만함 또한 닭이 나에게 주는 즐거움이 아닌가 싶다.

하지만 닭고기를 즐길 때마다 왠지 마음 한구석에 켕기는 미안한 마음이 있다. 내가 처음으로 영웅으로 느꼈던 대상이 바로 닭이었기 때문이다.

내가 어려서 살았던 동네는 큰 마을에서 좀 떨어진 초가집 열 서너 가옥이 옹기종기 모여 있던 작은 농촌 마을이었다. 집집마다 개와 닭을 기르는 것은 기본이고 소나 돼지가 있는 집도 있었다. 한데 우리 집만 유일하게 소, 돼지는커녕 닭 한 마리도 없었다. 웬일인지 아버지는 가축엔 도통 관심이 없으셨다. 때문인지 내가 병아리 한 마리를 얻어 마당에 풀어놓았는데도 제대로 크지를 못했다. 그런 우리 집을 두고 사람들은 가축이 되지 않는 집인가 보다, 라고 희안하게 생각했다.

당시엔 가축도 어린 우리들에겐 훌륭한 장난감이어서 가축이 없는 자연히 혼자 있으면 심심할 수밖에 없어 친구인 정식이네 집으로 놀러가곤 했다. 정식이네 집은 마을 끝 쪽에 있었다. 마을이 작아 친구라고 해봐야 고작 우리 둘뿐이었다. 정식이 집은 동물원이나 다름이 없었다. 큰 소와 송아지는 물론 개, 돼지, 염소도 있었다.

그런 집에 있으면 하루 내내 있어도 심심하지가 않았다. 돼지 움막에는 돼지새끼들이 꿀꿀거리고 뒤뜰에는 빨간 눈에 입을 오물거리면서 풀을 먹고 있는 하얀 토끼와 함께 다람쥐가 쳇바퀴를 열심히 돌렸다.

그 중에서 내가 제일 좋아하는 것은 빨간 깃털이 멋진 장 닭이었다. 마당엔 병아리까지 여러 마리의 닭 무리가 노니는데 장 닭은 단연 눈에 띄었다. 말하자면 군계일학群鷄一鶴처럼 단연 돋보였던 것이다. 빨간 닭 벼슬을 왕관처럼 쓰고 마당가를 맴돌 때면 그 위엄과 의젓함에 주눅이 들 정도였다. 아주 한가하게 모이를 줍는 척하면서도 언제나 주변 경계를 늦추지 않는 그 기품이라니…

그 당당한 영웅의 모습은 아무리 보아도 싫증이 나지 않았다. 머리에 기계충이 있어 곰팡이가 달라붙은 것 같고 어깨까지 잔뜩 움츠린 정식이와는 너무나 대조되는 모습이었다.

그 무렵 나와 정식이는 윗동네 아이들에게 기를 펴지 못했다. 윗동네는 큰 마을이어서 숫자로도 아예 상대가 되지 않은 데다 학교에 갈 때면 그 마을을 지나서 가야 하기 때문에 텃세를 당했던 것이다.

"닭싸움하자."

여느 날처럼 몹시 자존심이 상한 날, 갑자기 정식이가 큰 마을 아이들에게 엉뚱한 제안을 했다. 나는 깜짝 놀랐다. 우리 싸움닭은 겨우 한 마리뿐인데 상대적으로 큰 동네의 싸움닭은 많을 것이고 그러면 당연히 싸움에서 질 게 뻔했기 때문이다. 나는 물론 아이들도 비웃었지만 정식이는 물러서지 않았다.

첫 싸움에서는 정식이네 닭이 이겼다. 윗동네 아이들은 물러서지 않고 계속해서 싸움을 시켰다. 내리 열 번의 싸움을 치르고서야 아이들이 물러섰다. 정식이네 닭 혼자서 대표로 뽑아온 열 마리를 차례로 물리친 것이다. 마지막 싸움에서이기고 돌아오는 닭은 이미 소소한 닭이 아니었다. 개선장군이나 다름없는 영웅이었다. 영웅. 그 영웅을 가슴에 품은 정식이는 기계충은 간데없는 멋지고 용감한 친구로 보였다.

정식이가 자랑스럽게 말했다.

"내일 새벽 첫울음은 영웅이다."

다음날 새벽에 닭이 울 때까지 졸음을 참다가 기걸 찬 닭 울음소리에 잠이 번쩍 깼다. 먼동이 터 오는 새벽, 맑고 우렁찬 닭의 첫 울음소리는 분명히 영웅이의 것이었다. 움츠렸던 윗동네 장 닭들이 따라 울었다. 지금도 그 힘찬 목소리와 함께 벼슬을 한껏 세우고 당당하게 홰를 쳤던 영웅이의 모습이 내 가슴에 남아 있다. 을유乙酉년에는 영웅이의 힘차고 자신 있는 목소리가 우리 모두의 가슴에 새겨졌으면 싶다.

애국심의 단상

외국에 나가서 살아 본적이 없으니 지금 살고 있는 내 나라가 얼마나 좋은지 나는 모른다. 외국에 살고 있는 교포들이 모국 소리만 나와도 향수에 눈물을 흘리는 것을 보면서도 별 감동을 느끼지 못했던 것도 아마 체험이 없었기 때문일 것이다.

군대를 갈 무렵 그 지극했던 애국심(?)은 다 어디로 간 것일까? 겨우 남아 있는 나라 사랑이라는 것이 운동선수들이 일본 선수들과 싸워 이기면 박수를 열심히 치는 정도가 되고 말았으니 내 자신이 생각을 해도 한심한 일이다.

초등학교를 다닐 때 존경하는 사람 이름을 쓰라고 하면 서슴없이 독립투사라고 했다. 하지만 나는 독립 투사들의 한과 애국심을 진실로 이해했던 것도 아니었다. 해방과 함께 입학한 학교에서 배운 것도 영화를 본 것도 모두독립군 일색이었기 때문에 자연스럽게 머릿속에 입력된 것일 뿐이었다. 광활한 만주를 무대로 사나이들이 일당백으로 싸우는 영웅들의 이야기는 어린 내 마음을 흥분시키고도 남았다. 그때 배운 것이 침략국 일본을 미워하고 그와 맞서 싸웠던 독립군을 존경하는 것뿐이었다.

그런 단순 논리적인 사고는 일본과 겨루는 운동경기에서도 적개심이 불타서 이기면 눈물이 나오고 지면 잠을 설칠 만큼 화가 나는 것이었다. 일본국기만 보고도 기분이 나빠지는 것이다. 결국 내 애국심이라는 것이 일본을 미워하는 것과 동일한 개념이 되고 말았다.

그것도 한일 외교가 이뤄지고 또 세월이 지나면서 시들해 졌다. 나이와 함께 애국심도 퇴색해지는가 싶었다. 한데 생각지도 못한 엉뚱한 곳에서 잃어버렸던 그 단순 애국심이 발동을 해서 망신을 당하고 말았다.

지난여름 친구들과 유럽을 여행할 기회가 있었다. 외국어 한마디 제대로 못하는 나들이었지만 모처럼의 여행에 들떠 있는 내 기분을 잡치게 한 것이 일본어 방송이다. 일본말로 안내 방송을 하는 곳은 많은데 우리 말 방송은 거의 없었다. 순간 잊어먹고 있던 일본에 대한 적개심이 다시 살아 난 것이다. 새삼 우리 국력이 일본을 따라잡지 못하는 것을 현장에서 확인하는 낭패감은 그만 두고 본능적으로 화가 치밀어 오르는 것은 도리가 없었다.

애국심이라고 하기보다는 자존심이었을 것이다. 영어로 나오는 방송은 당연하다 싶은데 일본어는 아니었다. 나말고도 다른 사람들도 나와 같은 생각이었겠지만 할 수만 있다면 항의를 하고 싶었다.

막아야지! 마치 내가 독립군이 된 기분이다. 방송뿐이 아니다. 길가에서 마주치는 일본인조차 기분이 나쁜 것이다. 유럽인들이나 중동 신사들은 아무렇지도 않은데 동양인이 눈에 띄면 반갑기보다 일본인 같이 보여 괜한 적대감이 먼저 생겨 버렸다. 한데 그 분풀이가 엉뚱하게 일본사람이 아닌 미국사람에게 돌아가고 말았으니 염치가 없어지고 말았다.

프랑스의 파리 호텔 승강기에서였다. 육 층에서 문을 열고 들어서니 덩치가 큰 미국인 두 명이 선객으로 있다가 아침 인사를 했다.

"혼방와……"

내 외모가 일본인으로 보였던 모양이다. 일본인 관광객이 우리보다 많았으니 당연한 것이었을 것이다. 별일도 아닌 일인데 나는 엉뚱하게 화가 등줄기를 타고 치밀어 올라왔다. 가뜩이나 작은 키로 고개를 쳐들고 용감하게 키 큰 그들을 험한 눈으로 노려보았다. 동양인에게 선심으로 먼저 인사를 건넸던 미국사람들은 엉뚱하게 화가 난 내 표정을 보고는 당황한 모습으로 어색한 몸짓을 하고 있었다.

"노!"

나도 모르게 튀어나온 소리였다. “안녕하시냐고” 한 아침 인사에 “아니”라니 그들은 영문을 알 수 없다는 뜨악한 얼굴이다.

“아이엠 코리안!”

나도 모르게 굳어진 얼굴로 단호하고 큰 소리로 다시 외쳤다. 사태를 짐작한 것 같은 그들이 이번에는 반대로 나를 노려보고 있었다. 순간 갑자기 오싹 겁이 났다. 큰 등치의 주먹이 금방 나를 향해 날라 올 것 같은 불안감이 몰려 왔다.

한국인이면 어떻단 말인가? 또 ‘노’는 분명히 영어다. 왜 ‘혼방와’라는 일본어는 안되고 굿모닝은 괜찮다는 말인가? 일제 삼십 육 년의 억울한 역사를 알 리가 없는 그들이 내 돌출행동을 이해 할 수가 없었을 것이다.

일본말이 하기 싫었으면 그냥 우리말로 “안녕하십니까.” 라고 해주었다면 자연히 내가 한국인임을 알렸을 텐데… 이번에는 못난 내 행동이 후회가 왔지만 이미 엎어진 물이다.

쑥스럽기도 하고 겁도 없이 덩치 큰 외국인에게 큰소리 친 것이 불안해서 한쪽 모서리로 비켜섰다. 다행히 다음 칸에서 그들이 먼저 내렸다. 미안한 마음으로 문을 열고 내리는 그들에게 웃는 얼굴로 손을 흔들어 주었다. 하지만 내 마음을 알리 없는 그들이 이번에는 나를 완전히 무시하고 대답도 없이 등을 돌리고 말았다. 어리석고 보잘것없는 내 애국심 덕분에 나라 욕만 먹인 듯 싫어 돌아오는 비행기 속에서 내내 우울.

소리 없는 눈물

초등학교 오 학년 때였다. 담임선생님이 많이 아파서 오랫동안 결근을 하셨다. 선생님이 없으니 공부가 될 리가 없었다. 첫 시간에 교감선생님이 들어오셔서 출석을 부르고 나면 나머지 시간은 자습을 하든지 운동장에서 축구를 하다가 끝냈다.

숙제를 내주는 사람이 없으니 집에서도 공부할 일이 없어 더욱 신나게 놀았다. 다른 아이들의 마음은 알 수 없었지만 그때 내 생각은 선생님 걱정은커녕 좀더 오래 결근해 주셨으면 하는 철없는 마음이었다. 왜 그랬는지 그땐 그렇게 공부가 하기 싫었다. 선생님이 없으니 꿀밤이며 매 맞을 일도 없으니 어찌 보면 신나는 건 당연한 일이었다.

한 달쯤 지났을까? 선생님은 건강이 점점 더 나빠진다고 하더니 급기야 학교를 그만 두신다고 연락이 왔다. 이제 새로 오실 선생님이 누구실까? 내심 걱정하고 있는데 갑자기 옆에 아이가 큰소리로 울기 시작했다. 울음은 전염되는 것인가, 다른 아이들도 따라 울기 시작했다. 살그머니 주변을 둘러보았더니 모두가 눈물까지 펑펑 쏟으면서 울었다. 울지 않는 사람은 나 하나뿐이었다. 순간 나도 울어야 한다는 절박감이 생겼다. 이대로 있으면 나만 배신자가 될 것 같았다.

에라, 모르겠다. 앙! 하고 억지로 울기 시작했다. 교무실까지 들리라고 손바닥으로 책상을 두드리며 악을 썼다. 질금거리면서 울던 아이들이 이번에는 나를 따라 책상을 치다못해 발바닥으로 교실 바닥을 쿵쾅거리면서 목청껏 소리내어 울었다. 한데 이상한 일이 생기고 말았다. 처음에는 눈에 침을 바르며 우는 흉내만 냈을 뿐인데 이게 웬일인가. 정말 눈물이 나오는 것이었다. 뿐만 아니다. 표현할 수 없는 슬픔이 가슴을 밀고 올라왔다. 콧물까지 쏟아져 나왔다. 결코 선생님의 퇴임 때문이 아니었다. 옆에 아이들에게 지지 않으려고 우는 것도 아니었다. 이제 큰일났다는 불안감과 함께 알 수 없는 슬픔으로 울음을 그칠 수가 없는 것이었다.

때아닌 울음판에 놀라 교무실에서 선생님들이 달려왔다. 당연히 울음소리는 더욱 커졌다. 내용을 알고 난 교장 선생님이 말씀하셨다. "너희들의 눈물은 거짓이다. 진정한 슬픔은 소리 없는 눈물이다." 듣는 순간 어린 마음이지만 부끄러운 생각이 들었다. 책상을 치던 손을 슬그머니 내려놓고 말았다.

친구 중에 운수업을 하는 사람이 있다. 공직을 그만두고 퇴직금으로 화물자동차를 한 대 샀다. 처음 하는 사업이라 신이 나서 열심히 뛰어다녔다. 덕분에 심심치 않게 일감이 들어왔는데 주로 고철에 철판을 운송하는 일이었다. 한 달인가 지날 무렵, 직원이 화물차에 싣고 가던 철판이 바람에 날려 길을 가던 행인을 해치고 말았다.

친구가 사고 현장으로 달려갔을 때 운전자는 벌써 구속이 되어 있었고 사망자는 병원의 영안실로 옮긴 후였다. 경위가 문제가 아니라 사람이 죽었으니 우선 영안실로 달려가는 것이 순서였다. 망연자실하고 있던 상주들이 그에게 우르르 달려들어 멱살을 잡고 늘어졌다. 탓하고 싶지도 않았다. 자신의 사업 때문에 명을 다하지 못하고 간 사람이라고 생각하니 너무 마음이 아팠다.

"어찌됐든 영전에 분향이나 하고 봅시다."

멱살이 느슨해진 사이에 뿌리치고 영전으로 달려가 엎디었다. 순간 자신도 모르게 눈물이 주르륵 쏟아져 내렸다. 사망자의 얼굴도 모르지만 돈 몇 푼 벌겠다고 시작한 사업이 엉뚱한 사람에게 몹쓸 짓만 했다는 자책감이 몰려왔다. 어느새 제 설움에 겨워 눈물이 나왔다. 내 팔자는 왜 이런가? 하는 설움까지 복받쳐 올라왔다. 시간이 지날수록 가슴은 더욱 미어져 몸부림을 치면서 울고 또 울었다. 얼마나 시간이 지났을까, 등을 두드리는 사람이 있었다. 좀전에 멱살을 잡던 상주였다.

"사고 내고 이렇게 진심으로 괴로워하는 사람은 처음 보았소. 합의서 써 줄 테니 그만 일어나시오."

말 한마디가 천 냥 빚을 갚는다고 했다. 진심으로 쏟은 눈물 한 바가지가 상주들의 심금을 울렸던 모양이다. 아직도 우리 옆에는 소리없는 눈물에 보답하는 따뜻한 인정이 남아 있어 좋은 세상이다.

분수도 모르고

한때 나는 책상머리에 분수를 알고 살자고 써 붙인 적이 있었다. 분수라는 단어를 사전에서 찾아보면 명사라고 표기가 되어 있고 '자기의 처지에 마땅한 한도' 라고 풀이되어 있다.

수학數學을 배웠으면 당연히 분수分數를 알아야 한다. 하기 좋은 말로 세상을 많이 살았으면 제 처지를 제대로 알고 행동하라는 비유를 농담 삼아 수학공부를 빗대어 하는 말일 터이다.

나도 젊어서는 '정해진 분수가 어디 있는가? 개척하면 되는 것이다. 세상에 못 올라갈 나무가 어디에 있는가?' 하며 오히려 코웃음을 치면서 살았다. 그로 인해 크게 분수에 넘쳐 엉뚱한 만용으로 일을 그르친 적이 여러 번이다. 그렇다고 야망에 사로잡혀 정치나 큰 벼슬을 한 것도 아니다. 되돌아보면 아무것도 아닌 작은 일들에 흥분하고 몸부림쳤던 것이다. 술값이 비싼 요정에서 기생들을 앞에 두고 잔고도 없는 수표를 긁어 대면서 거들먹거린 것 따위는 젊어서 한때 철없는 호기였다고 하더라도 겁도 없이 빚을 얻어서 사업을 하겠다고 날뛰다가 경찰서까지 끌려 다닌 것은 용기가 아니라 진정 분수를 모르는 짓이었다.

때늦게 분수를 알고 살아야 한다고 반성을 해본 적도 있었는데 나이를 먹으면서 나도 모르게 또 옛날 병이 도지곤 한다. 내세울 것 없는 글 몇 줄 써 놓고 충고보다는 인사치레로 하는 칭찬에 기분이 들뜨고, 누가 큰 성공이라도 했다고 하면 왜 내가 아니고 그 사람일까? 염치도 없이 질투가 나기도 한다. 어디 그뿐인가? 복권에 당첨되지 않는 것도 아쉽고 내 책이 팔리지 않는 것도 약오른다. 거울 속의 내 얼굴은 볼 생각도 하지 않고 누가 얼굴이 잘생겼다고 하면 기분이 좋고 어른 대우는 받고 싶으면서도 할아버지 운운하면 신경질부터 난다. 내 처지에 대한 마땅한 대우가 아닌 분수 이상의 것을 자꾸만 탐하게 되는 것이다.

어젯밤에도 그랬다. 퇴근길에 친구들과 술을 한잔 마시고 제법 늦은 시간에 택시를 탔다. 술에 취한 날은 뒷좌석이 편하다. 기사에게 술 냄새를 풍기지 않으려는 예의 때문이기도 하지만 공간이 넓어 마음대로 몸을 부릴 수 있기 때문이다.

"안녕하세요?"

기사가 나에게 인사를 했다. 택시를 자주 타다 보니 더러는 아는 기사를 만나게 된다. 기분 좋게 대답을 하고 느긋하게 의자에 등을 기댔다. 오늘도 편안하게 귀가를 하겠구나, 하는데 마침 카 스테레오에서 내가 좋아하는 트롯 곡이 나왔다. 따라 흥얼거리다가 졸음에 빨려들었다.

"교수님, 기분이 좋으시네요."

순간 졸음이 싹 가셨다. 기사가 착각을 한 모양이다. 아니라고 부인을 하려다 문득 생각을 하고 보니 굳이 그럴 것까지 없을 것 같았다. 내가 일부러 교수를 사칭한 것도 아닌데, 기사 눈엔 내가 대학교수로 보였던 모양이다. 새삼스럽게 앞에 붙어 있는 거울에 내 얼굴을 비춰보았다. 반백이 넘어선 머리에 눈 밑의 잔주름까지 제법 연륜이 쌓인 듯한 괜찮은 얼굴이다. 볼이 미어지게 웃음이 나왔다.

잔돈이 있었는데도 일부러 만 원짜리를 주고 그냥 내렸다. 대학교수라면 좀 넉넉해야지, 꽁생원처럼 잔돈을 박박 긁어서 준다거나 쩨쩨하게 거스름돈까지 꼬박 챙기는 것은 대학교수의 분수가 아닐 듯싶었다. 행여 내 마음이 바뀌어 거스름돈을 달랠까봐 꽁지 빠지게 달아나는 택시를 쳐다볼 때까지도 기분이 괜찮았는데 아침에 일어나고 보니 입맛이 떨떠름하다. 거울 속을 아무리 살펴 보아도 점잖고 근엄한 대학교수는 보이지 않고 술이 덜 깬 분수를 모르는 늙은이 하나가 서 있었기 때문이다.

욕심이 병

내가 좋아하는 술은 소주다. 쉽게 구할 수 있는 대중 주로 값도 싸지만 맛도 담백하기 때문이다. 물론 비싼 양주야 없어서 못 마시는 형편이지만, 굳이 양주를 즐겨 마시지 않는 이유를 대자면 술 속에 들어 있는 고급 향이 내 촌스러운 입맛에는 잘 맞지 않는다고 해야 할 것 같다.

그렇다고 과일 맛도 아니고 술 맛도 아닌, 과일주나 약초술처럼 담근 술을 좋아하는 것도 아니다. 포도주나 매실주는 색깔은 근사한데 과일즙이 우러나와 달고, 인삼주 같은 약초술은 너무 쓰기 때문이다. 물론 아예 마시지 않는 것은 아니다. 다만 그것을 마시기 위해 일부러 찾아 나서지 않을 뿐이다. 남이 마실 때 한잔씩 얻어먹는 거야 싫다고 해본 적이 없다. 체질을 알칼리로 바꿔 준다는 포도주며 위장에 좋다는 매실주가 아니던

가. 거기다가 불로장생한다는 인삼주는 어떤가.

지난 주말이다. 가까운 친구 집으로 초대를 받았다. 가서 보니 나 말고도 몇 사람이 더 있었다. 손님에게 부담을 주지 않으려는 배려에서인지 굳이 초대 이유를 밝히지는 않았지만 생일인 것 같았다.

식사가 끝나고 일어날 때 친구가 눈짓으로 나를 다시 주저앉혔다. 그렇지 않아도 조금 서운했던 터였다. 저녁자리에서 술이 모자랐기 때문이었다. 술 좋아하는 우리야 진수 성찬이면 무엇하는가? 하지만 나 말고는 모두 술을 좋아하지 않는 사람들 같아서 눈치를 보느라고 술을 양껏 마시지 못했는데 잘됐다 싶었다.

그냥 먹던 상에 술병만 보태 주어도 황감할 처지였는데 다시 상이 들어왔다. 한데 이상하게도 저녁상에 올라 있던 기름진 안주는 모두 치워지고 과일 몇 조각이 전부였다. 실망하는 내 눈치를 보았을까? 웃는 얼굴로 손을 번쩍 드는 친구녀석의 손에 커다란 술병이 들려 있었다. 실히 한 되는 들어갈 큰 병에 술이 가득 담겨져 있었다.

산삼주였다. 지저분한 안주와 함께 먹으면 약효가 달아난다는. 귀가 번쩍 띄었다. 지금껏 이렇게 가까이에서 산삼을 본 적이 없기 때문이다. 나도 모르게 무릎걸음으로 다가가서 자세히 보았다. 한데 너무 작았다.

"산삼은 작은 거야. 이래봬도 이게 삼십 년은 실히 묵은 거다." 그럼 그렇지. 고마운 마음에 따라 주는 술잔을 단숨에 비웠다. 무슨 냄새가 나는 것 같기도 하고 그냥 소주 맛인 것도 같고 알 수가 없었지만 내 생전 처음 먹어보는 산삼주여서 맛을 따지고 있을 때가 아니었다. 주는 대로 넙죽넙죽 받아 마셨다. 그리고 약효가 달아날까 봐 과일 조각만 안주로 아작아작 씹었다.

산삼이 차지한 자리가 너무 작은 탓이었을까? 제법 마신 것 같은데 술이 줄어들지를 않았다. 거기다 친구녀석은 손님 대접한답시고 자신은 반잔, 나는 한잔이었다. 아무려면 어떤가? 내게 언제 산삼주를 마실 수 있는 행운이 다시 올까 싶었다. 저녁 밥상에서 마신 술에 겹친 것인지, 아니면 약효가 달아날까 봐 과일 몇 조각으로 입가심한 탓인지 어질어질 취기가 올라왔다. 산삼주는 아직도 반병이나 남았다.

'좋은 술은 입에 한번 넘어가면 다시 넘어오지 않는다.' 어느 술자리에선가 들었던 말이 생각났다. 까짓 것, 약간 취하면 대수냐, 산삼주인데. 나는 아예 퍼더앉아 술병이 바닥날 때까지 마셔 버렸다. 문제는 그 다음이었다. 산삼주를 한 병이나 다 먹었으니 팔에 알통이라도 늘어날 줄 알았다. 그런데 웬걸, 위장병으로 병원에 일주일이나 다녀야 했다. 욕심이 병이었다.

현대수필가 100인선 · 26
라대곤 수필선
내 가슴속의 수채화

초판인쇄 | 2008년 9월 16일
초판발행 | 2008년 9월 20일

지 은 이 | 라 대 곤
펴 낸 이 | 서 정 환
펴 낸 곳 | 좋은수필사

주　　소 | 서울시 종로구 익선동 30-6
운현신화타워 빌딩 3층 305호
전　　화 | (02)3675-5635, (063)275-4000
등　　록 | 1984년 8월 17일 제28호
홈페이지 | http://www.shin-a. co. kr
e-mail | essay321@hanmail.net

값 7,000원

ISBN 978-89-5925-295-4 04810
ISBN 978-89-5925-247-3 (전100권)